CH. PAUL DE KOCK

MADAME PANTALON

ÉDITION ILLUSTRÉE DE NOMBREUSES VIGNETTES SUR BOIS

PRIX : 1 FRANC

PARIS

VICTOR BENOIST ET Cie, EDITEURS, RUE GIT-LE-CŒUR, 10, A PARIS

ANCIENNE MAISON CHARLIEU ET HUILLERY

VICTOR BENOIST ET Cᵉ — ÉDITION ILLUSTRÉE — 10, RUE GIT-LE-CŒUR, 10,

MADAME PANTALON

Par CH. PAUL DE KOCK

I

Deux amis.

C'était sur la place de la Bourse, presque en face du théâtre du Vaudeville, qui n'était pas encore dans la chaussée d'Antin, puisqu'on n'était qu'en l'année mil huit cent soixante-sept.

Deux jeunes gens se rencontrent, se regardent, s'arrêtent et s'écrient en même temps :

— Tiens ! Adolphe !

— Frédéric !

— Quel heureux hasard !...

— En effet, car il y a plus de six mois que je ne t'ai aperçu !... Où étais-tu donc fourré ?

— Mon ami, j'étais fourré en Russie, et très-bien fourré de la tête aux pieds, je te l'affirme, pour me garantir du froid.

— Et qu'allais-tu faire en Russie ?... Tu n'es pas acteur, tu n'es pas peintre, ah ! mais, j'oubliais que tu es médecin !... médecin amateur à la vérité, car je crois que tu ne pratiques guère, mais enfin tu avais été reçu docteur.

— Oui, mais un héritage qui m'est arrivé m'a permis de ne plus faire de la médecine qu'à mes moments perdus. Au reste, crois bien que les voyages ne sont pas inutiles à celui qui veut chercher des recettes pour conserver la santé de ses amis et de ses clients.

— Tu as toujours aimé courir, voir du pays ; tu es touriste !

— Un peu, mais cela commence à se passer... J'approche de la trentaine... Je crois même que j'y atteindrai le mois prochain, et l'envie de courir le monde s'apaise avec la taille qui grossit.

— Parbleu ! je sais bien l'âge que tu as, puisque nous sommes nés dans la même année, le même mois et je crois le même jour... Oui, mon cher Frédéric Duvassel, nous aurons trente ans le vingt et un du mois prochain.

— Vraiment ? tu crois que ce n'est pas vingt-neuf ans ?

— Non ! oh ! c'est bien trente ans.

— Ce bon Adolphe Pantalon ! Tu as toujours l'air très-jeune, toi, avec tes cheveux blonds, tes yeux bleus, ton teint rosé... tu auras cet air-là longtemps !...

— J'y compte bien ! Toi, tu es brun, pâle, l'œil fascinateur... tu as une figure à passions... Aussi Dieu sait toutes les bonnes fortunes que tu as eues

1

— Elles n'étaient pas toutes bonnes ; dans le nombre, je t'assure qu'il s'en est trouvé de mauvaises !...

— Et c'est probablement quelque intrigue galante qui t'a mené jusqu'en Russie ?...

— Pas du tout, j'y suis allé pour une succession, pour opérer un recouvrement. Cette affaire terminée, j'aurais volontiers exploré ce pays, qui est très-curieux, très-pittoresque ! mais j'ai ici un frère, plus jeune que moi de près de dix ans...

— Ah ! oui, le petit Gustave !...

— Mon cher ami, le petit Gustave a aujourd'hui vingt ans accomplis : il est fort joli garçon, pas bien grand, mais bien bâti ; il est d'un caractère charmant, doux comme un agneau, timide... comme une demoiselle... qui est timide. Seulement il est encore un peu enfant... un peu niais même, c'est pour cela qu'il a besoin d'un guide, d'un mentor, et pour lui donner un peu de cet aplomb qui lui manque, je vais le faire voyager. Dans quatre jours nous partons pour l'Angleterre ; de là nous irons en Italie, enfin je veux que Gustave s'instruise en voyant du pays, qu'il apprenne à connaître le monde, qu'il étudie un peu les mœurs. Cela lui profitera-t-il ? J'aime à le croire ; en tous cas cela ne pourra pas lui être nuisible. Mais à quoi penses-tu donc, Adolphe ? tu n'as pas du tout l'air de m'écouter, et moi, quand je parle, je suis bien ridicule, mais j'aime que l'on m'écoute. Il y a des personnes à qui cela ne fait rien, et qui, pourvu qu'elles parlent, ne remarquent pas si leur auditeur leur prête attention ; on leur répond de travers, elles vont toujours leur train ; c'est comme celles qui, dans un salon, se mettent au piano et continuent de chanter lorsque chacun se livre à des conversations particulières... ces gens-là chantent et parlent pour eux.

— Je t'écoute, mon ami. Oui, oui, je t'écoute... Ah ! c'est que j'ai bien des choses dans la tête, va !

— En effet, je te trouve une physionomie toute drôle... mais ce qui me rassure, c'est que l'expression en est plutôt gaie que triste...

— Je vais t'apprendre une nouvelle qui va bien t'étonner, et pourtant cela n'a rien que de très-naturel.

— Diable ! tu piques ma curiosité ! Voyons donc la nouvelle.

— Je vais me marier, mon ami !...

— Te marier !... Il serait possible ! Quoi ! déjà !

— Déjà !... Mais à trente ans, ce n'est pas déjà sitôt.

— Te marier !... et pourquoi faire ? Tu étais avocat, tu as de la fortune... tu étais si heureux !...

— Oui, mais je ne me marie que dans l'espoir de l'être davantage... et puis il y a des gens qui m'ont dit : « Pantalon, vous devriez vous marier, pourquoi ne vous mariez-vous pas ?... cela pose un jeune homme dans le monde. »

— Il y a toujours des gens qui se mêlent de ce qui ne les regarde pas !... je gage bien que ceux qui t'ont dit cela l'étaient, mariés !...

— Pourquoi cela ?

— Ah !... parce que !... enfin, si cela t'arrange, tu fais bien... et qui épouses-tu ?

— Mademoiselle Cézarine Ducrochet !...

— Ah ! mon Dieu ! où as-tu décroché cela ?

— Dans le monde, dans la bonne compagnie... Tu penses bien que je ne me marie pas à l'aveuglette !... Mademoiselle Cézarine est la fille de négociants très-honorables, qu'elle a perdus de bonne heure. Elle a été élevée par un oncle maternel, M. de Vabeaupont, ancien capitaine de vaisseau, qui est très-riche, qui ne s'est jamais marié, sa nièce, à laquelle il laissera toute sa fortune, et à laquelle il donne cent mille francs comptant en la mariant.

— C'est quelque chose. Et quel âge a cette demoiselle ?

— Vingt-cinq ans.

— Vingt-cinq ans ! cent mille francs de dot, un oncle fort riche dont elle héritera !... elle est donc très-laide ou contrefaite, cette demoiselle ?

— Pas du tout ! elle est grande, bien faite, elle a de fort beaux traits. Pourquoi donc voudrais-tu qu'elle fût laide ?

— Parce que je ne comprends pas qu'avec une belle dot

et tant d'avantages, elle ne se soit pas mariée avant vingt-cinq ans.

— Tu le comprendras parfaitement, en sachant que mademoiselle Cézarine a été élevée dans le château de son oncle, où depuis l'âge de dix ans elle a fait toutes ses volontés. M. de Vabeaupont, qui est très-vieux et a la goutte une partie de l'année, n'a jamais contrarié sa nièce en rien, il l'a laissée libre de se choisir les maîtres qu'elle désirait avoir ; ainsi livrée à elle-même, tu comprends que Cézarine est devenue un peu... comment dirai-je ?... garçonnière. Elle monte à cheval, elle fait des armes, de la gymnastique tout comme un homme... peut-être mieux qu'un homme...

— Diable ! diable !...

— Pourquoi dis-tu diable ?

— Va toujours.

— Après cela l'idée lui est venue d'étudier les lois, le droit, le code, d'apprendre le latin... elle parle latin, mon cher ami !...

— C'est ça qui te rendra bien heureux dans ton ménage ! Quand tu voudras embrasser ta femme et qu'elle te dira : *Non possumus !*

— Oh ! tu penses bien que c'était une fantaisie... elle l'aura vite oublié ! Enfin habituée à ne faire que ses volontés, Cézarine ne se souciait pas de se marier et d'échanger la liberté dont elle jouissait contre une chaîne qui allait lui donner un maître.

— Elle avait raison !.

— Elle refusait tous les partis qui se présentaient, et il s'en présentait beaucoup ! Mais l'oncle a fini par se fâcher, il a dit à sa nièce qu'il voulait se voir revivre dans ses petits-neveux et ses petites-nièces. Pour la première fois, il n'a pas cédé, il a voulu être obéi... et il a mené sa nièce dans le monde, en lui disant : « Prends un mari comme tu le voudras, mais prends-en un ! » C'est alors que je me suis trouvé là...

— Et que tu as fait la conquête de la belle Cézarine ?

— Il paraît que oui ; ma foi, je n'ai pas fait beaucoup de frais pour cela, car tu le sais, je ne suis pas bien malin près des femmes... on m'a dit qu'elle m'avait trouvé l'air d'un bon enfant...

— Tu l'es en effet.

— Et que ça lui plaisait plus que les manières prétentieuses des plus élégants cocodès !...

— Et toi, tu es tombé tout de suite amoureux de cette demoiselle ?

— Amoureux ? Oh ! ma foi non !... elle me plaît, je la trouve très-bien... c'est une brune... très-brune... les cheveux, les yeux... la peau même a quelque chose... un ton chaud, sa bouche est sévère... je crois qu'elle a de petites moustaches, mais ce n'est pas désagréable. Enfin c'est une belle personne... mais avec qui on n'oserait pas se permettre une plaisanterie, on craindrait d'être fort mal accueilli.

— C'est une garantie pour toi, et tu seras certain de la fidélité de ta femme.

— La fidélité de ma femme ? reprend Adolphe Pantalon, d'un ton assez indifférent, oh ! ce n'est pas cela qui m'inquiétera jamais : d'abord je ne suis pas d'un caractère jaloux. J'ai présenté ma petite sœur Elvina à Cézarine, qui l'a trouvée fort à son gré et s'est chargée d'achever son éducation.

— Ah ! mais, c'est vrai ! tu as une sœur, toi ! Quel âge a-t-elle maintenant ?

— Elle va avoir dix-sept ans, elle est fort gentille ; depuis la mort de ma mère je l'avais mise en pension, mais une fois le mari de Cézarine, ma sœur demeurera avec nous, c'est convenu.

— Et enfin, quand se fait-il, ce fameux mariage ?

— Demain, mon ami, pas plus tard !

— Demain !... sitôt que cela !

— Et tu viendras à ma noce, j'y compte bien ?...

— Tu m'invites parce que tu m'as rencontré ; merci ! c'est aimable.

— A preuve du contraire... tiens, regarde cette liste que j'avais faite de toutes les personnes chez qui j'allais aujourd'hui... tu es en tête.

— C'est vrai... eh bien, j'irai à ta noce. Après tout j'aime mieux que ce soit demain, puisque je me remets en voyage dans quatre jours... Ah! mais, et mon frère Gustave?

— Tu l'amèneras, cela va sans dire, on n'a jamais trop de danseurs à une noce. Veux-tu venir au repas?

— Oh! non... un repas de noce, on est en famille, mais quand on ne connaît ni les uns ni les autres, on ne s'y amuse guère!

— Je ne te presse pas pour le dîner, parce que je suis de ton avis; ce n'est pas amusant pour un étranger. Ensuite, l'oncle Vabeaupont, le vieux marin, n'est pas toujours aimable, il jure comme un damné, et à sans cesse je ne sais combien de sabords et de tribords dans la bouche. Et quand il a la goutte, c'est encore pis. Au reste, à quatre heures du matin, nous aurons un souper un peu soigné!

— A quatre heures? c'est bien tard! Vois donc où cela te renvoie pour emmener ta femme!

— Mon cher ami, c'est justement ma femme qui a réglé les heures pour tout, et je ne fais que suivre ses instructions.

— Ah! déjà!... Allons, c'est très-bien; du moment que c'est elle qui règle tout, je vois que ça marchera parfaitement.

— Maintenant je te quitte bien vite... tu comprends que je suis pressé. J'ai si peur d'oublier quelque chose... et quand on se marie on doit toujours oublier quelque chose. Ma future m'a chargé de tant de commissions! Ah! le bouquet!... la fleur d'oranger!... qu'est-ce qu'elle m'a donc dit à ce sujet?..

— Qu'elle n'en voulait pas?

— Par exemple! elle en veut beaucoup, au contraire... et cela se comprend : quand on attend jusqu'à vingt-cinq ans pour se marier, on a droit à un immense bouquet!

— Alors, si une demoiselle se mariait à soixante ans, elle aurait droit à un oranger en caisse... Ah! mais, un moment! et l'adresse du traiteur où se fait ta noce?... si tu veux que j'y aille... encore faut-il que je la sache!

— Étourdi que je suis!... je serai capable demain soir d'oublier que je suis marié... Mon ami, ma noce se fait chez Bonvalet, boulevard du Temple; il y a là des salons superbes, où l'on peut danser et souper fort à son aise.

— Chez Bonvalet, c'est entendu... à onze heures nous y serons, mon frère et moi.

— C'est trop tard : Cézarine a réglé cela autrement : le dîner à cinq heures précises... c'est l'heure de l'oncle. A sept heures on va changer de toilette, puis il faut ouvrir le bal à neuf heures, parce que l'oncle veut voir danser, et qu'il va se coucher à minuit... tu comprends?

— Très-bien, mais comme je ne tiens pas à danser devant l'oncle, j'irai le plus tard que je pourrai. A demain!

II

Le capitaine de Vabeaupont et son mousse.

Avant d'aller à la noce, faisons un peu plus ample connaissance avec celle qui va devenir madame Pantalon, et avec son oncle, le vieux capitaine de frégate Hercule de Vabeaupont.

Nous avons peu de chose à ajouter au portrait que le futur a fait de celle qui doit être sa femme. Mademoiselle Cézarine est une belle personne d'une taille élevée, mais bien proportionnée, un peu forte, un peu grasse pour son âge, c'est une Junon plutôt qu'une Vénus.

Ses traits sont réguliers, son nez aquilin est légèrement recourbé en bec d'oiseau; ses yeux noirs sont vifs, hardis et soutiennent fixement leurs regards.

Les cheveux, les sourcils, tout cela est très-noir; c'est une brune bien prononcée. Il y a dans son air, dans sa démarche, quelque chose de masculin; cependant, lorsque cette demoiselle veut sourire et être aimable, on retrouve en elle du féminin.

Mademoiselle Cézarine Ducrochet a un caractère impérieux, tranchant, il faut que l'on fasse ses volontés.

Elle n'est pas méchante dans le fond, mais elle ne cède pas, même lorsqu'elle a tort, d'abord parce qu'elle ne croit jamais avoir tort.

Son oncle lui ayant répété souvent qu'elle avait plus d'esprit que tout le monde, elle se croit un génie, et elle n'a pas de bon sens. Mais pour répondre une méchanceté, pour dire une impertinence, elle ne reste jamais à court.

Cet esprit-là est très-commun chez les femmes, les plus sottes en ont parfois des étincelles.

Hercule de Vabeaupont a soixante-quinze ans.

C'est un homme grand, maigre, qui avait une tête fortement caractérisée, un œil perçant et une voix qui ressemblait au tonnerre. Mais l'âge, les blessures nombreuses, et la goutte ont bien changé tout cela.

Le capitaine est voûté, il marche avec peine, ses cheveux gris couvrent encore une partie de son front, et sa moustache est toute blanche, mais sa voix n'a guère perdu de son éclat. Et, quand il se met en colère, elle a encore ce retentissement formidable qui faisait obéir ses matelots.

M. de Vabeaupont n'a jamais aimé que la gloire et la table : il s'est bravement battu, il a fait la chasse aux pirates et a coulé bas plusieurs corsaires.

Il n'a quitté la mer, théâtre de ses exploits, que vaincu par l'âge et la goutte qui ne lui laissaient plus de trève. Alors il s'est retiré dans une fort belle propriété, une espèce de petit château qu'il possédait à Brétigny, petit village de la Picardie, aux environs de Noyon.

Mais le vieux capitaine ne s'est pas retiré seul dans son domaine, il a emmené avec lui son mousse, un garçon qu'il protège, qu'il aime autant qu'il est susceptible d'aimer, et auquel il s'est attaché, parce qu'il l'avait presque élevé et que l'on s'attache ordinairement aux personnes à qui l'on fait du bien; elles devraient en faire autant avec nous, ce ne serait que justice, et pourtant il y a presque autant d'ingrats que de bienfaiteurs.

Ici, il n'en était pas ainsi; un petit garçon qui pouvait avoir six ou sept ans avait été trouvé sur un bâtiment de pirates que l'on venait de capturer.

Qui était-il? d'où venait-il? quels étaient ses parents? Voilà ce qu'on ne sut pas et ce dont on s'inquiéta peu. L'enfant était gentil, on le porta au capitaine, qui alors était encore un jeune homme, mais qui, avec toute sa bravoure, avait aussi un faible pour les enfants : en voyant celui-ci, il s'écria :

— A qui est ce mirmidon?

— On n'en sait rien, capitaine, nous l'avons trouvé blotti dans la chambre du chef de ces pirates. Probablement son père a été tué pendant le combat.

— Eh bien, gardons-le, nous en ferons un homme. Parle-t-il?

— Un baragouin auquel on n'entend rien.

— Avance, petit; comment t'appelles-tu?

L'enfant ne répondit pas; mais il se mit à rire, et s'emparant d'un gobelet que tenait un matelot et dans lequel il y avait encore un peu de tafia, il le prit, le porta à ses lèvres et avala le contenu, sans trop faire la grimace.

Cette action enchanta le capitaine; il prit le petit garçon dans ses bras et le fit sauter, en lui disant :

— Diable! mais tu seras un gaillard, toi, le rhum ne te fait pas sourciller. Allons, je te garde, tu seras mon mousse, je t'attache spécialement à ma personne. Quel jour sommes-nous aujourd'hui?

— Capitaine, nous sommes en carnaval, et c'est aujourd'hui lundi gras.

— Vraiment? eh bien, voilà un nom tout trouvé. Petit, tu te nommes maintenant *Lundi-Gras!* Vous entendez, vous autres? à présent, emmenez *Lundi-Gras*, nettoyez-le, habillez-le en mousse, et chargez-vous de lui apprendre sa nouvelle profession. J'ai idée que nous en ferons quelque chose.

Voilà comment le capitaine, qui était fort jeune alors, avait recueilli M. Lundi-Gras, qui depuis ce temps n'avait jamais quitté son capitaine, auquel il obéissait comme le chien le plus fidèle obéit à son maître.

Mais le petit mousse, qui d'abord avait une figure ronde, assez espiègle, était ensuite devenu un gros joufflu, auquel l'usage très-fréquent du rhum donnait l'air insouciant et même un peu abruti.

Lundi-Gras a beaucoup engraissé et peu grandi, il est resté dans les hommes nains, ce qui ne l'empêche pas de bien faire son service et d'être toujours là prêt à exécuter les ordres de son capitaine.

Celui-ci, qui est fort grand, lorsqu'il parle à son mousse, s'appuie sur lui comme sur une canne. Il pose sa main sur son épaule et, s'il marche, fait avancer Lundi-Gras, comme s'il tenait un bambou.

Le mousse, habitué à cette manœuvre, l'exécute avec infiniment de précision.

Lundi-Gras a une vingtaine d'années de moins que son capitaine ; quand celui-ci est obligé de dire adieu à sa frégate, il a soixante ans et son mousse n'en a que quarante. Mais grâce au rhum dont il abusait fréquemment et au soleil qui lui avait cuit la peau, M. Lundi-Gras paraissait déjà presque aussi âgé que son capitaine.

Son embonpoint ajoutait à ses désagréments physiques. Comme il était très-gras, ses joues s'étaient plissées comme les persiennes que l'on met aux croisées, son nez, en forme de marron, se trouvait presque caché par les plis de ses joues, et ses gros yeux bêtes donnaient à tout cela l'aspect de ces masques que l'on met sur les grotesques ou, si vous aimez mieux, aux mascarons que les architectes placent quelquefois sur la façade d'un théâtre.

M. de Vabeaupont, qui n'avait pas voulu se séparer de son mousse, avait emmené Lundi-Gras dans son petit château, en lui disant :

— Tu ne me quitteras plus, tu vas mener une vie de pacha, tu n'auras plus qu'à manger, dormir, boire et être toujours à mes ordres, prêt à m'obéir au premier commandement; cela te va-t-il ?

— Cela me va beaucoup, mon capitaine.

— Ah ! comme il faut passer le temps quand on ne peut plus se battre, tu feras ma partie quand cela me conviendra.

— Oui, mon capitaine.

— Quels jeux sais-tu ?

— Le domino, mon capitaine.

— C'est quelque chose ; mais ça ne suffit pas. Et en fait de jeu de cartes ?

— La bataille, mon capitaine.

— Ce n'est pas un jeu, cela ! tu ne sais pas le piquet ?

— Non, mon capitaine.

— Je te l'apprendrai ! Il faut qu'un homme sache jouer au piquet.

— Je sais aussi la drogue, mon capitaine, et le pied de bœuf !...

— C'est bon, je t'apprendrai le piquet. Tu tâcheras de ne pas te griser trop souvent. Et quand ma goutte me le permettra, nous chasserons.

— Oui, mon capitaine.

Tout cela s'était fait comme M. de Vabeaupont l'avait dit. On était allé s'installer au domaine de Brétigny, habitation très-vaste, qui renfermait plus de vingt chambres de maître, lesquelles n'étaient pas toutes en très-bon état, mais qu'il était facile de restaurer.

Le manoir avait quelque chose de ces anciens châteaux que l'on trouve à profusion dans les romans anglais.

Il était flanqué de deux tourelles, auxquelles on avait donné les noms pompeux de tour du Nord et tour du Sud. Sur chacune de ces tourelles il y avait encore une couleuvrine qui devait dater du roi Jean, et n'avait pas servi depuis ce temps-là.

Mais le jardin était fort grand, il y avait une pièce d'eau, une grotte, un petit lac; puis un bois de trois arpents en-viron, qui pouvait passer pour un parc et faisait suite au jardin.

Le village de Brétigny n'était pas grand, mais les habitants n'en étaient point pauvres, et l'on n'y connaissait pas la misère.

Les paysans étaient solides, les femmes gentilles, les enfants gras ; tout cela avait un air de gaieté qui faisait plaisir à voir. Seulement, on y buvait du cidre, c'était la boisson ordinaire du pays ; le vin était de l'extra.

Les gros bonnets de l'endroit se permettaient seuls d'en avoir en cave. Mais ceci importait peu aux habitants du château, dont la cave était toujours richement garnie, car, ainsi que tous les goutteux, le capitaine aimait infiniment le bon vin.

Malheureusement la goutte n'avait pas diminué, peut-être par suite des soins que M. de Vabeaupont prenait de sa cave.

On n'avait pas pu aller à la chasse. Il avait fallu se contenter de faire la partie de domino avec son mousse, auquel on essayait d'apprendre le piquet, mais qui n'y mordait pas et ne pouvait se mettre dans la tête que quinte et quatorze faisaient quatre-vingt-quatorze.

Le capitaine y montrait cependant de l'obstination.

Tous les soirs après le dîner, il faisait faire un bol de punch, que l'on plaçait sur la table de jeu, où il se mettait, en disant à Lundi-Gras :

— Allons, assieds-toi là, en face de moi... prends les cartes et tâche de faire attention : j'ai mis dans ma tête que tu apprendrais le piquet.

— Je ne demande pas mieux, capitaine.

— Alors rappelle-toi donc ce que je t'ai dit. Voyons, as-tu écarté ?

— Non ! mon capitaine, j'attends que vous me le commandiez...

— Il n'y a pas besoin que je te le commande; tu dois le faire. Prends tes cinq cartes...

— Ça y est, capitaine.

— Maintenant, combien as-tu de cartes en main ?

— J'en ai douze, capitaine.

— Que cet animal-là est bouché ! je te demande combien de cartes de ton point... de ta couleur ?

— De ma couleur... attendez : j'en ai sept noires et cinq rouges.

— Mais, mille sabords ! tu ne peux donc pas distinguer les carreaux des cœurs et les trèfles des piques ?

— Ah ! je vais vous dire, mon capitaine; ces dames sont habillées de la même couleur, ça me brouille.

— Mais un cœur ne ressemble pas à un carreau.

— Ah ! pardon ! c'est que j'ai eu un ami qui faisait des cœurs enflammés pour sa bonne amie et celle des autres, et il faisait toujours des cœurs carrés; il disait que c'était plus propre.

— Va-t'en au diable avec tes cœurs carrés ! Voyons ! combien as-tu de dames !

— Oh ! je n'en ai pas, mon capitaine. Je me suis toujours fait un devoir de me modeler sur vous ; je suis resté garçon.

— Mais, sacrebleu ! je te parle de ton jeu; combien de reines, si tu aimes mieux ?

— Ah ! des dames en carte ! J'en ai quatre, ma foi !

— Eh bien, ça te fait quatorze à ton point.

— Quatorze... les quatre ? Ah ! jamais mon capitaine; c'est comme si vous n'aviez que quatre bouteilles de champagne dans votre cave, et que vous me disiez : Apporte-m'en quatorze, ça me serait impossible !...

— Quelle brute ! décidément je ne ferai jamais rien de toi !

La leçon se terminait ainsi.

Mais le temps commençait à sembler long, lorsque, cinq mois après son installation à Brétigny, était arrivée cette petite nièce, âgée de dix ans à peine, qui était brusquement devenue orpheline et venait réclamer la protection de son oncle.

Cette protection ne lui fit pas défaut, et le vieux marin

rut enchanté de sa nièce lorsqu'il reconnut en elle tous les goûts, tous les penchants d'un garçon.

La petite fille montra sur-le-champ un caractère altier, indépendant, une volonté que rien ne pouvait dompter. Lorsque son oncle la priait de faire une chose qui ne lui plaisait pas, elle ne craignait pas de lui répondre :

— Non, je ne ferai pas cela!

— Et pourquoi, s'il vous plaît, mademoiselle?

— Mais parce que je ne le veux pas.

— Mais triple sabord! si je vous l'ordonne cependant?

— Mille sabords, si vous le voulez, je ne le ferai pas davantage.

Alors le capitaine éclatait de rire et donnait une petite tape sur la joue de sa nièce, en s'écriant :

— Tu ne devrais pas porter de jupons; tu es digne d'être marin, tu as du caractère; c'est bien, j'aime cela. Fais ce que tu voudras, apprends ce que tu voudras savoir, fais venir les maîtres qui te conviendront!... je te donne carte blanche!...

« Seulement apprends le piquet pour faire quelquefois ma partie, puisque cet imbécile de Lundi-Gras ne peut point parvenir à se le mettre dans la tête. »

Mademoiselle Cézarine avait appris à monter à cheval, à faire des armes, à tirer de l'arc, à patiner, à nager, à sauter par-dessus des fossés; et à douze ans elle gagnait son oncle au piquet, au jacquet, au trictrac et aux échecs.

Le capitaine était fou de sa nièce : il voulait déjà qu'elle fût à la tête de sa maison. C'était elle qui donnait des ordres aux domestiques, et Lundi-Gras, qui lui obéissait aussi ponctuellement qu'à son maître, se trompait quelquefois et l'appelait : — Mon capitaine!

Mais malgré son penchant pour la gymnastique et les exercices du cavalier, la petite Césarine, arrivée à l'âge de quinze ans, trouva qu'en hiver on ne s'amusait pas assez à Brétigny, elle voulut aller passer quelques mois à Paris. Le capitaine aurait préféré demeurer constamment dans son domaine, mais il comprit qu'il ne pouvait pas tenir toujours loin du monde une jeune fille qu'il faudrait un jour marier.

On loua un fort bel appartement à Paris et l'on alla s'y installer pendant l'hiver.

Le capitaine était riche, il reçut à Paris de nombreuses visites et un grand nombre d'invitations.

Césarine, à quinze ans, en paraissait avoir dix-huit. On fit à M. de Vabeaupont compliment de sa nièce, et celle-ci, fière de se voir admirée, louée, fêtée, prit d'abord goût pour le monde et voulut que son oncle donnât des dîners et des soirées.

Cela n'amusait pas beaucoup le capitaine; mais sa nièce le voulait, il fallut en passer par là.

Cependant, les succès de Césarine ne furent point de longue durée : on s'aperçut bientôt que cette demoiselle n'avait pas un caractère facile. Dans les réunions, si l'on jouait à de petits jeux, elle imposait le sien et ne voulait pas se mêler à d'autres; elle était peu aimable, et ses réponses étaient parfois fort impertinentes.

Elle détestait la danse, parce qu'elle ne savait pas danser. Elle n'aimait pas la musique, parce qu'elle ne savait jouer d'aucun instrument.

Lorsque, dans une soirée, une demoiselle se mettait au piano, elle ne tardait pas à donner des marques d'impatience; elle frappait avec le pied sur le parquet, et quelquefois disait assez haut pour être entendue :

— Est-ce que cela ne va pas bientôt finir!... J'en ai assez, moi! et autres réflexions qui faisaient rire les uns et fâchaient les autres. Car dans le monde il est permis d'être méchant; mais encore faut-il y mettre une certaine mesure. Une critique spirituelle a toujours du succès, mais on fait four avec une méchanceté qui n'est pas drôle.

Lorsque Césarine s'était ennuyée à deux ou trois soirées, elle disait à son oncle :

— Retournons à Brétigny.

L'oncle ne demandait pas mieux, et l'on quittait Paris le lendemain.

Mais ces petits échecs subis par son amour-propre avaient fait comprendre à Cézarine que, pour vivre en société, il ne suffit pas à une demoiselle de savoir faire des armes et monter à cheval.

Dans toutes les fêtes on dansait; elle se décida à apprendre à danser, et finit par y prendre goût. Puisque toutes les jeunes personnes bien élevées savaient la musique, elle voulut acheter un piano et prit un maître. Mais, n'ayant aucun goût pour cet instrument, et n'étant parvenue qu'à jouer *Malbrough* d'une main, elle abandonna le piano pour le cor de chasse, et y devint bientôt assez forte pour faire fuir tout le gibier du pays.

Puis une autre idée vint à cette demoiselle.

Elle avait parfois écouté les hommes parlant de choses sérieuses ou discutant des points de droit. Il lui prit fantaisie de devenir savante, d'étudier le latin, le grec, le code, afin de pouvoir parler sur tout comme un avocat.

Pendant deux ans elle lut assidûment la *Gazette des Tribunaux*; mais cela ne la rendit pas plus aimable en société.

Lorsque Cézarine eut dix-huit ans, les épouseurs commencèrent à se présenter, car on savait que cette demoiselle aurait cent mille francs de dot et qu'elle était l'unique héritière de M. de Vabeaupont, qui était très-riche.

Mais Cézarine ne montrait aucune disposition pour le mariage, elle n'était nullement pressée de perdre sa liberté et elle était entretenue dans ce sentiment par deux de ses amies intimes :

Mesdemoiselles Paolina et Olympiade, dont elle avait fait connaissance dans le monde, et avec qui elle s'était liée tout de suite intimement, parce qu'il y avait une grande similitude dans leur manière de voir, d'agir et de penser.

Mademoiselle Paolina était un bel esprit.

A dix ans elle avait deviné une charade dans un journal; depuis ce temps, son plus grand plaisir était d'étudier; elle faisait des vers, de petites fables, en attendant qu'elle fît une tragédie, ce qui était son but, son unique pensée; mais elle voulait un sujet vierge et n'en avait pas encore trouvé.

Comme souvent des jeunes gens s'étaient permis de rire lorsqu'elle avait récité des vers, elle en avait ressenti une haine violente pour ces gens qui n'avaient pas compris sa poésie, et disait fréquemment à Cézarine :

— Ne te marie pas, ma chère, crois-moi, ne te marie pas!... Tu as de la fortune, tu es libre, ton oncle te laisse entièrement maîtresse de faire toutes tes volontés : pourquoi donc irais-tu perdre ta liberté?... Car, se mariant, une femme devient esclave... Se faire l'esclave d'un homme! quel sottise!... On s'en mord bien vite les doigts!

Mademoiselle Olympiade, grande fille, taillée comme une latte, et à qui personne ne faisait la cour, affectait aussi le plus grand dédain pour les hommes et répétait sans cesse :

— Mon Dieu! que c'est vilain, un homme! Ah! comment peut-on aimer ça!... Les trois quarts ont de vilains pieds; ça marche bêtement!... ça s'habille d'une façon stupide, et leurs coiffures, leurs chapeaux, toujours des tuyaux de poêle ou des saladiers!... et ils veulent faire les maîtres! Ils ont l'air de nous protéger!... mais! je n'en veux pas, de leur protection!

« Ah! ne vous mariez pas, ma chère Cézarine; moquez-vous de ces messieurs!... riez de leurs soupirs... mais n'allez pas croire ce qu'ils vous disent; ils mentent constamment. »

Cézarine, dont le cœur n'était point sensible, était tout à fait de l'avis de ses deux amies, et refusait tous ceux qui aspiraient à sa main. Le vieux marin avait trouvé cela très-drôle dans le commencement; mais lorsque sa nièce eut atteint vingt-trois ans, il réfléchit que si cela continuait ainsi, il ne se verrait jamais revivre dans les enfants de sa nièce, que cela le priverait d'une société qui aurait amusé, occupé sa vieillesse, et il dit un jour à Cézarine :

— Ma chère amie, tu as refusé bien des partis, mais maintenant il est temps d'en finir, il faut songer à te marier.

— Ah! mon oncle!... quelle nécessité?

— Je te répète que je le veux... Choisis à ton aise... je ne te dis pas de te marier demain, mais maintenant étudie ceux qui se présenteront, et quand tu auras trouvé un jeune homme à ton goût, viens vite me l'annoncer afin que nous en finissions.

Césarine gagna encore du temps. Cependant ce qui la détermina à faire un choix, c'est que ses deux intimes, qui avaient tant déblatéré contre les hommes, venaient aussi de se marier.

La poétique Paolina avait épousé M. Étoilé, homme d'affaires; la revêche Olympiade était devenue la femme de M. Bouchetrou, courtier en marchandises, et lorsque Cézarine leur avait témoigné son étonnement de ce qu'elles avaient consenti à prendre un mari, Paolina avait répondu :

— M. Étoilé a pleuré en écoutant mes vers.

Et Olympiade avait baissé les yeux en murmurant :

— M. Bouchetrou m'a promis de me laisser l'habiller à ma fantaisie.

C'est alors que se présenta Adolphe Pantalon. Ce n'était pas un Apollon, mais il était assez gentil garçon.

Ce qui plut surtout à Cézarine, ce fut cet air bon enfant, cette humeur facile, accommodante, qu'elle remarqua dans ce jeune homme, qui ne lui avait pas fait force compliments, mais lui avait dit tout simplement qu'il serait très-flatté si elle voulait bien de lui pour mari.

On était en hiver et par conséquent à Paris, lorsque Cézarine vint dire au capitaine :

— Mon oncle, je crois que j'ai enfin trouvé l'homme qui me convient et que je consens à épouser.

Le vieux marin fit un bond de joie sur son fauteuil en s'écriant :

— Ah! sacrebleu! c'est bien heureux, et où est-il ce gaillard-là dont nous allons faire mon neveu?

— Mais chez lui, je pense. Il est avocat, il a huit mille francs le rentes et bientôt trente ans.

— Tout cela va assez bien. Huit mille francs de revenu, c'est peu, et tu pouvais prétendre à un parti plus riche. Mais s'il a du talent, il augmentera sa fortune. Et tu nommes ce gaillard-là ?

— Adolphe Pantalon. Voilà sa carte qu'il m'a priée de vous remettre.

— Pantalon! Voilà un drôle de nom!... Tu seras madame Pantalon! Avec un tel nom, si tu ne portais pas les culottes, ce serait bien malheureux... Mais je suis bien tranquille, tu les porteras. Ainsi, c'est décidé, ce jeune homme te plaît?

— Mais dame!... je n'en suis pas amoureuse cependant.

— Oh! il n'est pas nécessaire d'être amoureuse de son mari.

— Il y a une chose que je crains.

— Qu'est ce que c'est?

— Je ne crois pas que ce jeune homme ait beaucoup d'esprit.

— Ne te plains pas de cela !... se marier avec un homme qui a trop d'esprit, c'est se mettre au jeu avec un joueur plus fort que soi : on peut être sûr que l'on perdra toutes les parties. Épouse ce Pantalon, tu t'en trouveras bien. Au reste, comme je veux vite faire sa connaissance, je vais lui envoyer sur-le-champ une invitation à dîner pour demain et la lui faire porter par Lundi-Gras.

Le capitaine appela son mousse, puis il lui dit en confidence :

— Tu vas porter cette lettre à ce M. Pantalon, tu ne la remettras qu'à lui-même, tu diras que tu attends la réponse. Pendant que le jeune homme lira ma missive, tu l'examineras bien attentivement du haut en bas, tu entends? Il demande à épouser ma nièce, je veux savoir d'abord s'il en est digne physiquement; s'il annonce un gaillard bien bâti, bien portant, enfin un mari... solide.... tu comprends!

— Oui, mon capitaine, je le passerai en revue.

Lundi-Gras va faire sa commission. Adolphe était dans son cabinet. Le domestique de l'avocat avait d'abord dit au ci-devant mousse : Donnez-moi votre lettre, je vais aller la donner à mon maître, et je vous rapporterai sa réponse.

Mais Lundi-Gras avait répondu : — Non, ça ne peut pas aller comme ça, il faut que je donne moi-même ma lettre à votre maître, parce que pendant qu'il la lira, moi, je dois le passer à l'inspection, et m'assurer comment il est tourné, s'il n'a pas les genoux cagneux, si ses épaules sont larges, enfin si c'est un gaillard solide au poste, comprenez-vous ?

— Non. Ordinairement quand on vient chez un avocat, on s'inquiète peu s'il est bien ou mal bâti. Je vais aller prévenir mon maître.

— Allez, moi je garde la lettre, je ne la donnerai qu'à lui. Le domestique va dire au jeune avocat:

— Il y a là un homme qui a une lettre pour monsieur, mais qui veut le passer à l'inspection pendant qu'il la lira.

— Eh bien, faites entrer.

— C'est peut-être un voleur qui ne veut inspecter que le cabinet de monsieur.

— Les voleurs ne viennent par chez les avocats, qui sont leurs défenseurs. Faites entrer cet homme.

Lundi-Gras est enfin introduit ; il remet sa lettre, et passe en revue Pantalon, pendant que celui-ci en prend connaissance.

Il se retire ensuite fort satisfait de son examen.

Il a été une heure absent, enfin il revient d'un air radieux, et dit à M. de Vabeaupont:

— Mon capitaine, le monsieur.... le pantalon accepte l'invitation avec joie, il vous remercie, vous fait ses compliments et m'a donné cette pièce d'or pour boire !...

— C'est fort bien. Mais ensuite... ce que je t'avais prié d'examiner... les remarques sur la personne du jeune homme ?...

— O mon capitaine, je suis très-satisfait! Il avait un gilet en velours et des bottes vernies; mais pour le reste, c'est bien, c'est solide, les jambes ne sont pas trop arquées ; enfin, c'est un homme qui serait digne d'être marin.

III

Le dîner de noces.

Le capitaine a trouvé Adolphe Pantalon digne d'épouser sa nièce, car trois semaines après l'invitation à dîner portée par Lundi-Gras, on célébrait le mariage de Cézarine avec le jeune avocat.

C'est chez Bonvalet, au ci-devant café Turc, que se fait le repas, auquel on a convié beaucoup de monde. D'abord la mariée, ayant carte blanche, n'a pas manqué d'inviter ses amies intimes, puis les dames et demoiselles pour lesquelles elle a quelque sympathie parce qu'elles ont presque toujours été de son avis.

Elle a donc à son repas de noce madame Étoilé et son mari.

L'époux de la poétique Paolina est un homme d'une quarantaine d'années, qui a l'air froid, parle fort peu et ne pense qu'à gagner de l'argent. Paolina croit qu'il a pleuré en écoutant une de ses élégies. Mais les demoiselles prétendent que ce monsieur était tout bonnement enrhumé du cerveau, ce qui l'obligeait à se moucher à chaque instant.

La sèche Olympiade est là avec son mari; Joseph Bouchetrou, petit homme jeune encore, mais grêlé comme une écumoire, ce qui ne l'empêche pas de sourire sans cesse et de se montrer très-empressé à être agréable en société, étant toujours prêt à faire ce qu'on veut, à rendre aux dames mille petits services ; il est le premier pour leur pousser un coussin sous les pieds ou les débarrassant de leur manchon.

— Mais pourquoi donc as-tu épousé un homme si grêlé ? a dit Cézarine à son amie.

— C'est justement pour cela que je l'ai préféré, ma chère; les hommes grêlés sont devenus si rares depuis l'invention do la vaccine, que ceux qui le sont ont un air très-distingué qui empêche qu'on les confonde avec les figures communes. Si cela continue, je suis sûr que dans quelques années les hommes grêlés vaudront un prix fou !

M. Bouchetrou n'était pas seulement remarquable par le pointillé de son visage, car sa femme, voulant qu'il fût habillé à son goût, lui faisait porter constamment un petit manteau qui ressemblait à ceux que mettent les *Crispins* et avec cela une coiffure à la *Buridan*.

Aussi, quand ce monsieur sortait, n'était-il pas rare de voir des gamins courir derrière lui comme après un masque.

Venaient ensuite M. et madame Vespuce.

Zénobie, l'épouse de M. Vespuce, est une petite femme de vingt-huit ans, qui a été jolie, mais qui a déjà perdu sa beauté par suite de maladies, d'imprudences qu'elle a commises en passant des nuits à danser, en courant sans cesse les fêtes, les bals, et en envoyant son mari promener, lorsqu'il l'engageait à être plus sage et à ménager sa santé. Ennuyé de ne pas être écouté, M. Vespuce, qui n'avait pas découvert l'Amérique, mais avait découvert une jeune chemisière, laquelle n'avait pas mieux demandé que de l'écouter, M. Vespuce avait laissé sa femme courir les bals, les soirées, les fêtes, et courait incognito près de sa chemisière qui ne demandait jamais à danser.

Ainsi l'amour des plaisirs fait souvent perdre à une femme l'amour de son mari. Vous me direz qu'elle le perdrait bien sans cela... peut-être, on ne sait pas.

Madame Vespuce, que les amours commençaient à délaisser aussi, s'était depuis quelque temps jetée dans le romantisme : elle lisait tous les vieux ouvrages d'*Anne Radcliffe*; elle affectait de croire aux esprits, aux revenants, au spiritisme; elle demandait à être ensorcelée.

Après le ménage Vespuce, venaient M. et madame Grassouillet.

Amandine Grassouillet est une jeune femme de vingt-quatre ans. Elle est jolie, bien faite. Son sourire est gracieux, ses yeux vifs ou langoureux suivant la circonstance; cette dame sait que, pour plaire, il ne faut pas toujours être la même, et elle tient beaucoup à plaire, elle est très-coquette.

Cela ne convient pas toujours à son mari, qui est jaloux et fait quelquefois des scènes à sa femme; mais celle-ci ne semble pas y faire attention et elle continue de jouer de la prunelle.

Ce qui fait que M. Grassouillet a souvent l'air de mauvaise humeur, et comme, avec cela, il est fort laid, tous les hommes se croient autorisés à faire la cour à sa femme, ne supposant pas que celle-ci puisse avoir de l'amour pour un mari si désagréable.

Ensuite c'est Armide Dutonneau, belle femme qui a passé la trentaine, mais qui s'est promis de n'avoir jamais plus de trente-trois ans.

C'est une beauté un peu hommasse, un peu commune, dont le teint commence à se bourgeonner et le nez à prendre de la couleur.

Le mari d'Armide est un gaillard digne de lui servir de cavalier; c'est un homme qui a près de six pieds. Il est bien bâti, dodu, sans être trop gros; sa figure est agréable et elle exprime la bonne humeur qui fait le fond de son caractère; ce monsieur rit toujours, même quand sa femme le gronde, car ici c'est l'opposé du mariage Grassouillet : c'est madame qui est jalouse, et c'est monsieur qui est coquet.

Armide trouve très-mauvais que *Chou-chou*, — c'est le petit nom de son mari, — soit aimable et galant avec d'autres femmes que la sienne. Elle voudrait avoir sans cesse Chouchou pendu à son bras.

Mais, depuis quelque temps, celui-ci voltige beaucoup et trouve toujours quelques motifs pour n'être pas libre lorsque madame voudrait qu'il la promenât. Alors Armide dit que décidément les hommes sont de pas grand'chose !

M. Dutonneau continue à rire lorsque lui fait une scène de jalousie; souvent même il saisit cette occasion pour prendre son chapeau et aller se promener dans les *squares*, ces nouvelles places embellies par des arbres, cette ver-

dure que l'on est tout étonné de trouver au milieu de Paris, ce qui vous repose des rues boueuses et de l'embarras des voitures; les squares enfin sont la passion du beau Dutonneau; c'est toujours là qu'il va se promener et lorgner les jolis minois, car, il faut bien en convenir, Chou-chou ne recherchait de préférence ces *oasis* que parce qu'il était certain d'y rencontrer des petites femmes plus ou moins gentilles; les jeunes bonnes surtout y viennent en grande quantité promener leurs moutards; et Chou-chou, qui n'était pas fier, ne craignait pas d'abaisser ses regards sur le tablier blanc et le simple bonnet de linge, tout en fredonnant entre ses dents :

> L'amour ainsi qu' la nature
> N' connaît pas ces distances-là.

A toutes ces dames ci-dessus nommées il faut joindre une veuve, madame Flambart, qui, à quarante ans, a déjà enterré trois maris.

C'est une grande femme qui a dû être très-bien, mais dont les traits fortement accusés n'ont jamais exprimé la douceur ni l'affabilité; ses yeux noirs sont beaux, mais son regard est dur ou moqueur; sa voix est forte, c'est une basse-taille, et quand elle rit, ce ne sont point les accents d'une gaieté franche, ce sont comme des accès d'une toux caverneuse.

On s'étonnera peut-être que Cézarine eût au nombre de ses amies une personne dont l'âge était bien au-dessus du sien. Mais la veuve Flambart, qui avait toujours de superbes toilettes, avait surtout admiré la mise et la tenue un peu fière de Cézarine; elle lui avait fait des compliments sur le bon goût de ses robes, sur sa tournure; puis plusieurs fois s'était extasiée en entendant la nièce du capitaine citer quelque auteur latin. Avec de la flatterie, quelle est donc la femme que l'on ne prendra pas dans ses filets ?... Tout le monde sait par cœur les fables de La Fontaine, mais elles ne corrigent personne.

A tous ces individus que je viens de vous nommer, joignez quelques anciens amis du capitaine avec leurs femmes, leurs enfants, grands et petits : voilà pour le côté de la mariée.

Du côté du mari il y avait beaucoup moins de monde.

Adolphe Pantalon n'avait, en fait de parents, après sa sœur, qu'une vieille tante sourde, quelques cousins et leurs femmes, en tout une douzaine de personnes; mais comme il y en avait trois fois autant du côté de sa femme, cela faisait encore un assez grand couvert.

N'oublions pas quelqu'un dont le capitaine ne se séparait jamais.

Lundi-Gras était au dîner, non pas à table, mais placé derrière la chaise de Vabeaupont, il devait rester toujours là pour le servir.

En vain le maître de l'établissement avait-il dit au capitaine qu'il y aurait un nombre de garçons suffisant pour que chacun à table fût servi promptement. Le vieux marin n'avait pas voulu en démordre, il avait dit :

— Je veux avoir mon mousse derrière moi; sinon, je fais la noce ailleurs !

Et naturellement on lui avait répondu :

— Du moment que cela vous est agréable, capitaine, vous aurez votre mousse derrière vous.

A cinq heures précises, tout le monde était à table, et Lundi-Gras se tenait debout derrière la chaise du capitaine, où il gênait constamment le service, parce qu'avec sa rotondité il tenait beaucoup de place; aussi, à chaque instant, était-il poussé ou bousculé par les garçons, qui cela ennuyait de voir ce petit homme ridé, habillé en matelot, qui les regardait d'un air bête, mais ne bougeait pas de la place qu'on lui avait assignée, souriant aux coups de coude qu'il recevait des garçons et se contentant de leur dire :

— Allez votre train... ne craignez pas de me cogner... je suis solide... je ne démarre pas de mon poste !...

M. de Vabeaupont avait à sa droite la mariée, et à sa gauche la sœur d'Adolphe, la jeune Elvina, qui va avoir dix-sept ans et sort de sa pension.

Jetez toute cette eau sur la figure de mon mousse, commande le capitaine. (Page 11.)

C'est une charmante enfant, dont la figure est jolie, aimable et gaie ; ses grands yeux bleus annoncent déjà du penchant à l'espièglerie, mais elle est encore si timide, si embarrassée dans le monde, qu'elle ose à peine y prononcer un mot et ne répond que par monosyllabes au capitaine, qui essaye de la faire causer et lui dit à chaque instant :

— Allons, ma seconde nièce, car vous êtes ma deuxième nièce maintenant, il faut parler un peu!... et débrider votre langue. Êtes-vous contente que votre frère se marie ?

— Oh ! oui, monsieur !

— Il ne faut pas me dire monsieur, il faut m'appeler votre oncle...

— Avec plaisir, mon oncle.

— Très--bien !... faites-moi raison, buvez du madère avec moi.

— Oh ! non, monsieur !...

— Sacrebleu ! appelez-moi votre oncle...

— Ah ! c'est vrai... pardon, mon oncle.

— Lundi-Gras, verse du madère à ma nouvelle nièce...

— Mais je ne veux pas, mon oncle.

— Si fait, pour trinquer avec moi.

Lundi-Gras regarde le capitaine d'un air hébété en murmurant :

— Du madère, je n'en ai pas, capitaine.

— Demandes-en, imbécile, on a tout ce qu'on veut ici!.. il n'y a qu'à demander.

Lundi-Gras s'adresse à un garçon qui passe près de lui :

— Camarade, je voudrais du madère...

— Camarade ! est-ce que je suis votre camarade, moi?... Est-il étonnant, ce vieux goujon ! allez donc à la cuisine ; vous voyez bien que vous gênez ici...

— Je vous demande du madère pour mon capitaine.

Mais le garçon s'est éloigné sans lui répondre.

Lundi-Gras s'adresse à un autre qui, plus poli, lui dit :

— Allez à l'office, on vous en donnera... demandez le sommelier...

— Où est la cave ?

— Allez donc demander là-bas à ce monsieur en noir.

Le vieux mousse se décide à quitter sa place et court après la personne qu'on lui a indiquée, qui vient de sortir du salon.

Cependant le capitaine s'impatiente de ne pas être servi, et crie sans se retourner :

— Eh bien, mousse, le madère ?

Personne ne répond.

Alors le vieux marin se décide à se retourner.

— Où est donc mon mousse ? Garçon ! garçon ! où est mon mousse ?

— Qu'est-ce que c'est que ça, un mousse ?

— Ah ! vous en êtes là, vous !... Lundi-Gras ! où se trouve Lundi-Gras ? répondez !

Le garçon auquel s'adresse le capitaine ouvre de grands yeux, réfléchit un moment, puis répond :

— Dame ! monsieur, Lundi-Gras se trouve ordinairement après le dimanche gras... à moins qu'on ait changé tout ça !...

— Mille sabords ! je crois que ce drôle se moque de moi !...

Et le capitaine furieux s'est déjà levé à demi... il faut que Cézarine s'en mêle pour calmer son oncle et lui faire comprendre que le garçon n'a pas eu l'intention de se moquer de lui.

Mais Lundi-Gras reparaît enfin avec une bouteille de madère, et son maître lui dit :

— Pourquoi as-tu quitté ton poste ?

— Pour avoir du madère...

— Tu devais t'en faire apporter ici...

— Oui, le plus souvent qu'on m'écoute !... ils m'appellent vieux goujon !

— Rosse-les et prend-leur les bouteilles des mains !

— Ça suffit, capitaine, à la première occasion je saute dessus.

Vous voyez comme je conduis, moi! Voilà un âne qui va mieux que votre cheval... (Page 26.)

Mais Elvina refuse de boire du madère et le capitaine dit au marié :

— Pantalon, pourquoi votre sœur ne veut-elle pas boire du madère?

— Capitaine, elle n'a pas l'habitude de boire du vin pur; elle craint que cela ne lui fasse mal et, en effet, cela pourrait l'étourdir.

— Allons, je vois que c'est toute une éducation à faire; heureusement votre femme s'en chargera, la petite sœur sera entre bonnes mains.

La plupart des dames qui sont là ne partagent point les craintes de la petite Elvina et veulent bien accepter du madère.

La veuve Flambard y retourne même en disant :

— Il ne faut pas qu'une femme craigne de trinquer avec les hommes. On nous appelle le sexe faible, c'est que nous le voulons bien; nous avons tout autant de capacité que ces messieurs; seulement nous avons le tort de ne point nous en servir.

— Bravo! dit le capitaine. Et là-dessus, mousse, verse-moi du bordeaux.

Lundi-Gras, qui tenait toujours sa bouteille de madère, la pose à terre en voyant un garçon qui passe avec deux bouteilles et se dispose à servir les convives, saute sur une des bouteilles et la lui arrache de la main ; le garçon, en tenant une de l'autre main, ne peut pas défendre celle qu'on lui enlève, et se contente de murmurer :

— Tu me le payeras, vieille matelote!

Lundi-Gras s'en revient tout fier et verse du vin à son capitaine, qui, après avoir bu, lui dit :

— Tu es un âne!... ça n'a jamais été du bordeaux, c'est du chambertin.

— Vraiment, capitaine!... alors une autre fois je le goûterai. Faut-il chercher du bordeaux?...

— Non, ce chambertin est bon, je m'y tiendrai.

Les convives trouvent les vins bons, car ils y font honneur; le sexe faible même, entraîné par l'exemple de la veuve Flambard, devient d'une gaieté charmante; les hommes se permettent quelques-unes de ces plaisanteries que, dans les repas de noce, les sots croient devoir faire aux nouveaux époux.

On cause d'un bout de la table à l'autre, tout le monde parle à la fois; le capitaine est satisfait, il frappe de son poing sur la table en s'écriant :

— A la bonne heure! branle-bas général, on commence à jaser! je ne vois que le mari qui ne s'anime guère...

« Voyons, Pantalon, vous ne dites rien... Il ne faut pas que l'amour vous coupe la parole. A table on ne doit pas être amoureux!...

« Chantez-nous une petite chanson... Nous voici au dessert, c'est le moment de chanter.

— Mais, mon oncle, dit Cézarine, on ne chante plus dans les noces. Fi! c'est mauvais genre! Il faut laisser cela aux noces d'ouvriers.

— Ma nièce, cela prouve que les ouvriers s'amusent mieux que nous, et je trouve que c'est eux qui ont le bon genre et nous le mauvais. Je veux du chant, moi!

Eh bien, Pantalon, y êtes-vous?

— Capitaine, je suis désolé de vous refuser, mais je n'ai jamais su chanter...

— Pardon, capitaine, dit madame Étoilé, en se levant à demi pour obtenir plus d'attention, mais si vous voulez le permettre, j'ai fait quelques vers à l'occasion du mariage de mon amie Cézarine, et je suis toute prête à vous les réciter.

— Très-bien! belle dame; dites-nous vos vers... cela ne nous empêchera pas de chanter après... Mousse! verse-moi du chambertin.

Lundi-Gras, quand son maître ne s'occupait pas de lui, se retournait et buvait à même la bouteille de madère. Mais cette fois le capitaine a un peu tourné la tête, et il a vu son mousse qui a le goulot de la bouteille dans la bouche.

Il le pince fortement :

— Qu'est-ce que tu fais là, drôle?

— Pardon, capitaine, je goûte pour savoir si c'était le vin que vous vouliez.

— Et tu buvais à même la bouteille, gredin?

— Capitaine, j'avais deviné que c'était du madère, dont vous ne voulez plus.

— Nous aurons un fameux compte à régler ensemble, maître Lundi-Gras!

— Tout ce qui vous plaira, capitaine.

— En attendant, verse-moi du chambertin!

Lundi-Gras va prendre l'autre bouteille qu'il avait cachée dans un coin. Il la débouche et commence à verser dans le verre que lui tend le capitaine; mais le garçon auquel il avait escamoté la bouteille de chambertin guettait depuis quelques instants le moment de se venger du vieux mousse.

Lorsqu'il le voit occupé à verser à son maître, il arrive doucement par derrière, lui allonge un vigoureux coup de pied au bas des reins et disparaît aussitôt.

Le coup a été appliqué si fortement que Lundi-Gras en a rebondi, et dans ce mouvement subit a cogné et brisé, avec sa bouteille, le verre que le capitaine lui tendait. Le vin se répand sur la table. Élvina et le vieux marin en reçoivent des éclaboussures. Ce dernier est furieux, il saisit son assiette et la casse sur la tête de son mousse, en lui criant :

— Va-t'en, brute, va-t'en, pirate!... ne m'approche plus, ou je te coule à fond!...

Lundi-Gras reçoit tout cela avec un grand calme, et se contente de se frotter la tête et le derrière, puis il s'éloigne en disant :

— Quand vous voudrez boire, vous me rappellerez.

On parvient non sans peine à calmer le capitaine, et madame Étoilé, qui attend avec impatience le moment de faire entendre ses vers, se lève de nouveau en disant :

— Le calme est rétabli, l'orage a passé; la poésie peut donc oser se montrer. Je commence : à vous, belle mariée :

Vous abordez sur le rivage
De l'hyménée et des amours :
Ah! pour que dans votre ménage
Vous puissiez régner sans secours,
Sachez commander sans partage,
Soyez ferme dans vos discours.
Si votre époux faisait tapage
Ou s'il voulait tourner à l'ours,
Croyez-moi, pour braver l'orage,
En homme agissez sans détours.

Madame Étoilé s'arrête et s'assoit pour reprendre haleine. Les applaudissements se font entendre, surtout parmi les dames. Mais Chou-Chou Dutonneau se permet de dire :

— Je n'aime pas beaucoup ces maris qui tournent à l'ours!

— Pourquoi donc cela, monsieur? mais c'est très-naturel! dit la jolie madame Grassouillet en riant, cela se voit très-souvent, un mari qui tourne à l'ours!...

— Amandine, il me semble que votre remarque est bien intempestive, dit à demi-voix M. Grassouillet; moi, je suis de l'avis de M. Dutonneau, je trouve assez peu gracieux à cette dame de dire dans ses vers que nous tournons à l'ours!... il me semble qu'elle aurait pu trouver une foule de comparaisons plus justes et moins brutales.

— Au fait, mon ami, vous avez raison; elle aurait pu dire : tourne au serin!

— Non, je n'aime pas plus votre serin.

— Mais qu'est-ce que vous voudriez donc?... est-ce que vous voulez qu'on vous compare à la chouette?

— Ah! madame... assez, de grâce, mais je sais bien à quel oiseau on pourrait nous comparer.

— Si vous le savez, dites-le donc tout de suite.

— Non, ce sont de ces choses que l'on garde pour soi.

Le capitaine, que les vers de madame Étoilé n'ont pas beaucoup amusé, s'écrie :

— À présent nous allons chanter un gai flonflon, une gaudriole...

— Pardon, capitaine, mais je n'ai pas fini, s'empresse de dire Paolina; vous n'avez entendu que le début de ma pièce de vers; maintenant je vais traiter le mariage sous toutes ses faces... et en alexandrins.

La poétique Paolina se lève de nouveau et, cette fois, joint des gestes à sa déclamation :

Qui donc s'imagina le premier, sur la terre,
D'enchaîner à jamais le sexe fait pour plaire?
Remontons à Noé, remontons à Caïn...
Remontons plus encore..

— Non! non! ne remontez pas davantage! s'écrie le capitaine en frappant sur la table. Pardon, belle dame, si je vous interromps, mais je vous avouerai que lorsque j'entends réciter des vers, cela m'endort tout de suite; nous autres, vieux loups de mer, nous ne connaissons rien à la poésie. Veuillez donc garder vos vers pour le souper, où je n'assisterai pas, et nous laisser chanter de gais refrains. Puisque ces messieurs ne se mettent pas à chanter, je vais commencer moi et vous chanter :

C'est dans la ville de Bordeaux...

— Nous, mesdames, laissons ces messieurs chanter, dit Cézarine en se levant. Il est temps, il me semble, que nous allions mettre nos toilettes de bal.

— Oui, oui, il n'est que temps, répond madame Dutonneau en se levant aussi, car il faut se méfier des chansons de ces messieurs!

Madame Étoilé ne dit rien, mais elle lance un regard dédaigneux sur les hommes, tandis que la veuve Flambard s'écrie :

— Ces messieurs sont enchantés de nous voir partir, ils vont pouvoir fumer!... et maintenant les femmes sont abandonnées pour les cigares.

— Fi! quelle horreur! dit madame Vespuce.

— Heureusement nous avons toutes notre petit moyen de vengeance, murmure madame Grassouillet.

Et les dames disparaissent au moment où M. de Vabeaupont entame sa chanson.

IV

Le bal.

Une fois les dames parties, c'est à qui chantera après le capitaine, car tous ces messieurs savent des chansons, mais elles étaient un peu trop grivoises pour être chantées devant des dames.

On reste donc à table longtemps, et il est près de neuf heures lorsqu'on se décide à la quitter pour passer dans un salon où sont disposées les tables de jeu.

Lorsque le capitaine se lève, il n'est pas gris, parce qu'il a l'habitude de bien boire, mais il sent cependant qu'il n'est pas bien ferme sur ses jambes; il se met à appeler Lundi-Gras.

Cette fois celui-ci ne répond pas à l'appel.

— Où diable est mon mousse?... s'écrie le capitaine. Qu'en a-t-on fait? il me le faut, je le veux. Pantalon, mon neveu Pantalon, allez, s'il vous plaît, vous informer de mon mousse.

Le marié s'empresse d'obéir à l'oncle de sa femme.

Il revient au bout de quelque temps dire au capitaine :

— Mon cher oncle, Lundi-Gras n'est pas en état de se présenter devant vous. Il est gris à ne pas pouvoir se tenir. Il dort dans un cabinet où il a mangé et bu comme quatre... Je vous assure qu'on a eu bien soin de lui.

— Alors conduisez-moi à ce cabinet. Je vais lui parler, à ce drôle-là.

— Mais, capitaine, puisqu'il dort....

— Soyez tranquille, je sais comment le réveiller.

Et le capitaine prend le bras d'Adolphe, sur lequel il s'appuie, en lui disant :

— Vous êtes solide... mais vous êtes trop grand; j'ai l'habitude de m'appuyer sur ce chenapan de Lundi-Gras, qui me sert de canne : eh bien, je marche mal quand je n'ai pas mon mousse sous la main.

On arrive au cabinet dans lequel ronfle Lundi-Gras, étalé sur un divan.

Le capitaine regarde son mousse, lui donne un coup de poing dans le côté, et voyant que cela ne le réveille pas, dit au marié :

— Demandez à un garçon un seau d'eau.

— Un seau, capitaine! est-ce qu'un verre ne suffirait pas?

— Un verre !... pour un homme qui a passé sa vie en mer!... Dites qu'on vous apporte un seau plein d'eau.

Adolphe obéit.

Le seau d'eau est apporté par le garçon auquel Lundi-Gras a arraché la bouteille de chambertin, et quand le capitaine lui dit :

— Jetez toute cette eau sur la figure de mon mousse! le garçon exécute ce commandement avec infiniment d'adresse, si bien que la tête de Lundi-Gras n'en perd pas une goutte.

L'expédient agit : le mousse ouvre les yeux, aperçoit son maître devant lui et bredouille :

— Voilà !... de quel vin voulez-vous, capitaine?

— Voyez-vous ce drôle qui pense encore à boire! Allons! hâte-toi de te dégriser et reviens me servir de canne.

Et le capitaine s'éloigne avec Adolphe en lui disant :

— Je pardonne à cette éponge, parce qu'il a voulu aussi fêter votre noce, et puis parce que je ne peux pas me passer de lui.

Sur les neuf heures et demie, toutes les dames reparaissent avec de nouvelles toilettes, qui ne rendent pas jolies celles qui sont laides, mais qui donnent au bal plus d'éclat et d'élégance. Cézarine est fort belle. Elle porte son costume de mariée comme une reine porterait sa couronne.

Si ce n'est pas la timidité d'une vierge qui donne du charme à sa personne, c'est la noblesse de sa tournure qui force chacun à l'admirer.

Sur les onze heures arrivent les personnes qui n'ont été invitées que pour le bal, qui devient alors très-nombreux, très-animé, et offre aux danseurs une grande variété de jolies femmes.

Le capitaine se promène dans la salle de danse, le bras droit appuyé sur son mousse, qui est dégrisé, et croit devoir sourire à toutes les personnes qui le regardent.

Le capitaine est de très-belle humeur; il adresse souvent la parole aux dames, en leur conseillant de beaucoup danser, de bien employer leur nuit.

Alors, Lundi-Gras murmure à l'oreille du capitaine :

— Si vous le voulez, je danserai aussi!

Et M. de Vabeaupont se contente de hausser les épaules et de s'appuyer davantage sur sa canne vivante en murmurant :

— Taisez-vous, gros bambou ! Tiens, vois-tu, Lundi-Gras, toutes ces petites femmes-là dansent assez gentiment, elles font de petits pas, elles baissent modestement la tête, elles sont très-joliment chaussées, j'en conviens; les hommes ne sont pas mal non plus, si ce n'est que beaucoup d'eux ont l'air de marcher et de ne pas se donner la peine de danser. Mais tout cela n'est rien auprès des danses que j'ai vues en Afrique. Ah! ce sont celles-là qui étaient animées, il fallait voir les femmes sauter, gambader, se tordre, leurs cheveux épars flottant sur leurs épaules, et toutes, en dansant, poussant des cris aigus. Les hommes, c'était encore pis; ils faisaient des contorsions effrayantes, souvent ils prenaient les femmes à bras-le-corps et les lançaient au hasard par-dessus leurs épaules; elles retombaient pile ou face, n'importe!... celles qui ne pouvaient pas se relever, on n'y faisait pas attention : c'était magnifique!

— Qu'est-ce que c'était donc que ces danseuses-là?

— Mille sabords! c'étaient des nègres et des négresses.

— Ah! vous m'en direz tant! Si on dansait comme eux ici, ce serait bien risqué !

— Au fait, je crois que tu as raison, Lundi-Gras, cela gâterait par trop les jolies toilettes de ces dames.

La mariée a ouvert le bal avec son mari; après quoi elle lui dit :

— Maintenant, nous ne danserons plus ensemble de la nuit...

— Quoi! pas même une fois?

— Impossible, j'ai trop d'invitations ! mais vous, monsieur...

— Ah! appelez-moi Adolphe et pas monsieur...

— Oh! nous avons bien le temps de nous dire nos petits noms! mais vous, mon ami...

— A la bonne heure ! « mon ami, » j'aime mieux ça !

— Est-ce que vous allez m'interrompre sans cesse, quand je voudrai vous dire quelque chose ?

— Non, c'est fini, ma douce amie...

— Tenez, prenez ces tablettes, j'ai écrit dessus le nom de toutes les dames qu'il faut que vous fassiez danser.

— Ah ! mon Dieu ! que de noms ! vous voulez que je danse tant que cela !...

— Eh bien, est-ce que vous comptez ne pas danser, par hasard ? un marié, ce serait joli !...

— Je ne dis pas cela, mais je ne vois pas la nécessité de m'éreinter !

— Ah ! ah ! vous me faites rire ! allez donc faire vos invitations.

Le marié n'est pas enchanté de la besogne que sa femme vient de lui donner; il se décide cependant à la satisfaire, et Cézarine dit à madame Flambard :

— Je viens de donner à mon mari ses instructions pour le bal. Je veux qu'il fasse danser les personnes que je lui ai désignées.

— Vous avez bien fait, ma chère amie ; il faut mettre votre mari sur un bon pied, et l'habituer à faire vos volontés.

Sur les onze heures, Frédéric Duvassel fait son entrée dans le bal avec son frère Gustave.

Le marié est enchanté de voir arriver son ami, il s'empresse de le présenter à sa femme pendant un entr'acte de la danse. Frédéric adresse à la mariée les compliments d'usage, lui présente son frère comme un danseur infatigable. Quant à lui, il avoue qu'il ne danse jamais.

Le jeune Gustave est un fort joli garçon, qui a encore l'air écolier, qui est très-timide et rougit quand une dame le regarde. Aussi baisse-t-il bien vite les yeux sous les regards de Cézarine, mais les repose-t-il avec bonheur sur la petite Elvina, dont le maintien modeste lui inspire déjà de la sympathie.

La présentation terminée, Cézarine se tourne vers madame Dutonneau pour lui dire :

— Que mon mari est bête d'inviter pour le bal quelqu'un qui ne danse jamais! Qu'est-ce qu'il veut que nous en fassions de son monsieur Duvassel? il a un air moqueur qui ne me plaît pas du tout!

— Il a un frère qui est très-gentil.

— Un écolier, qui a l'air d'un serin. Parlez-moi de M. Foulliac, le fils d'un ancien ami de mon oncle! Voilà un homme qui est aimable! il ne quitte pas la salle de bal pour aller dans celle où l'on joue, comme font beaucoup de ces messieurs!...

— Mais c'est un danseur déjà un peu mûr! dit madame Vespuce ; cet homme-là doit bien approcher de la cinquantaine.

— Oh! vous êtes dans l'erreur, ma chère, je suis sûr que M. Foulliac n'a pas quarante-cinq ans.

— Il paraît plus.

— C'est Chou-Chou qui a toujours l'air jeune ! dit madame Dutonneau. On ne croirait jamais qu'il a quarante-six ans, le perfide!... Ah! il est trop beau et il le sait bien!...

— Vous trouvez votre mari trop beau?

— Oui, madame, parce qu'il fait trop de conquêtes! il abuse de son physique et néglige sa femme... et je ne suis pas d'âge à être négligée.

M. Fouillac, avec qui nous n'avons pas encore fait connaissance, est un homme de bonnes manières qui a le mauvais côté de la quarantaine, mais n'a pas encore cinquante ans.

Il a été assez bien de figure, quoique la sienne soit un peu monotone; mais maintenant il est devenu bouffi, et ses yeux, qui n'étaient pas grands, ressemblent à ceux d'une souris.

C'est un homme qui a toujours le sourire sur les lèvres et des compliments dans la bouche. Avec cela il est rare que l'on ne réussisse point, surtout auprès des dames.

Cependant, à trente ans, ce monsieur n'avait réussi qu'à manger la fortune que lui avait laissée son père.

Depuis ce temps, comment vit-il? C'est ce que quelques personnes se demandent, car il n'a point de profession, et, après avoir voulu embrasser toutes les carrières, il a passé son temps à ne rien faire.

Il y a dans le monde beaucoup de personnages qui sont dans le même cas que M. Fouillac. Toujours bien mis, bien tenus, ayant des gants très-frais et des bottes d'un vernis irréprochable, ils sont aux premières représentations des petits théâtres, ils suivent les concerts, les fêtes, et ils ont soin de s'y faire remarquer en parlant très-haut.

Ces existences-là sont problématiques. Ils font des dupes, disent les uns; ils doivent à tout le monde, disent les autres.

Ce qu'il y a de certain, c'est que ce sont toujours des pique-assiettes, qui s'étudient à flatter les goûts de chacun, qui sont constamment de votre avis, et si vous leur disiez que vous voulez aller dans la lune, ils ne manqueraient pas de vous répondre que vous avez une excellente idée.

Aujourd'hui, M. Fouillac dit qu'il a fait des affaires à la Bourse. Il s'y rend, en effet, très-assidûment; mais on croit qu'il ne joue qu'avec la bourse des autres.

M. Fouillac, qui a perdu sa fortune au jeu, n'a pas pour cela perdu l'espoir d'y être un jour plus heureux.

Et si maintenant, dans les salons, il ne va pas se placer à une table de lansquenet ou de baccarat, c'est parce qu'il n'a plus le sou dans sa poche, et qu'il souffre trop de ne pouvoir pas jouer gros jeu comme autrefois.

On comprend du reste qu'un homme qui couvrait la table de billets de banque ne se soucie pas de faire une partie où l'on n'a pas d'espoir de gagner plus de quelques louis.

C'est cependant pour cela que M. Fouillac se contentait maintenant de regarder la partie et ne s'y mêlait pas.

— Le capitaine, disait le pauvre garçon, est sage maintenant; les revers qu'il a éprouvés l'ont corrigé.

C'est ainsi souvent que l'on juge les gens. On ne devine pas qu'il y a une passion cachée sous cet air d'indifférence, et les passions cachées sont les plus dangereuses: gare la bombe quand elle trouve le moment d'éclater!

Au dîner, M. Fouillac a bu et mangé comme quatre, ce qui ne l'a pas empêché d'étudier les goûts, les humeurs de la plupart des bonnes amies de la mariée.

Aussi le soir ne manqua-t-il pas de louer les vers de madame Étoilé, de complimenter madame Vespuce sur sa toilette de bal et son port de reine, Olympia de Bouchetrou sur l'air distingué que les trous de la petite vérole donnent à son mari, enfin Cézarine sur l'habitude qu'elle a de se faire obéir et sur l'empire qu'elle semble déjà avoir sur son mari.

Il n'y a que madame Flambard qu'il n'ose pas complimenter de ce qu'elle soit veuve de trois maris, mais devant laquelle il s'incline profondément et s'arrête chaque fois qu'elle passe, comme s'il voulait lui porter les armes.

Adolphe présente son ami Frédéric au capitaine, qui dit au nouveau venu:

— Pourquoi donc arrivez-vous si tard, monsieur?...

— Mais, capitaine, il n'est pas encore bien tard...

— Vous trouvez cela! onze heures et demie! je vais aller bientôt me coucher, moi. Vous êtes un ancien ami de Pantalon?

— Oui, monsieur, nous sommes amis de collège.

— Vous voyez que je lui donne pour femme quelque chose de bien équipé... un bâtiment qui entend bien la manœuvre, corbleu!... Vous avez vu ma nièce?

— Oui, capitaine, je viens d'avoir l'avantage de la saluer... C'est une fort belle femme.

— Je crois bien! J'espère que Pantalon ne restera pas en panne auprès d'elle. Au reste, je suis tranquille, s'il ne marchait pas droit, Cézarine saurait bien le mettre au pas. C'est un homme que ma nièce; elle en a toutes les capacités! J'entends les capacités d'un homme de mérite, d'esprit!... car pour les imbéciles, elle les roulerait sous jambe,... comme des petits chats.

Frédéric tâche de garder son sérieux et regarde le marié, qui ne paraît pas enchanté du portrait que l'on fait de sa femme. Mais madame Flambard arrive en criant:

— Monsieur Adolphe, monsieur le marié, votre femme, qui vous voit causer, craint que vous ne pensiez plus que vous devez cette fois faire danser madame Gercain... et l'on va se mettre en place... Venez, madame Gercain est là-bas à gauche...

— Oh! je la vois! elle est assez laide pour qu'on la reconnaisse... et je crois qu'elle est un peu bossue... ça ne m'amuse pas du tout de faire danser cette dame...

— C'est la volonté de votre femme... allez danser.

Le marié se décide à obéir, tout en faisant la grimace. Et madame Flambard regarde le capitaine, en lui disant:

— Il se soumet... oh! Cézarine le fera marcher, d'abord je lui ai dit: « Ma chère amie, dès les premiers jours de votre mariage, il faut mettre votre mari sur un bon pied, tout de suite! sur un bon pied. »

— Quelle est donc cette dame? demande Frédéric au capitaine lorsque la veuve est éloignée.

— C'est une femme qui a enterré trois maris.

— Sapristi!... si c'est à force de les avoir mis sur un bon pied, j'aime à croire que madame votre nièce ne suivra pas ses conseils!

Le vieux marin rit, en répondant:

— Soyez tranquille, ma nièce n'en fera qu'à sa tête, elle ne suit les conseils de personne. Allons, Lundi-Gras, le vent en poupe, mousse! il est temps de virer de bord.

— Comment, mon capitaine, vous voulez déjà partir? mais il y a un souper, on me l'a dit à l'office...

— Je le sais pardieu bien, qu'il y a un souper, puisque c'est moi qui l'ai commandé, mais c'est pour cette jeunesse qui va danser toute la nuit, tandis que nous autres, vieux chasse-marée, nous allons nous coucher. Il me semble d'ailleurs, drôle, que tu as assez bu et assez mangé pour ne plus avoir besoin de rien!

— Je vous assure, capitaine, que j'aurais soupé avec plaisir...

— Tais-toi, vieux pékin! Allons, en avant! marche!

M. de Vabeaupont et son mousse sont partis. Le bal est alors dans tout son éclat, la danse est très-animée, car le capitaine a bien fait les choses: le punch circule encore chaque danse; les cavaliers ne s'en font pas faute et madame Flambart les imite en disant aux danseuses:

— Mesdames, croyez-moi, buvez du punch, cela est infiniment préférable aux glaces et aux sirops. Avec le punch, vous ne vous donnerez jamais une fluxion de poitrine.

— Mais nous nous griserons, dit madame Vespuce.

— Non, il ne s'agit que de s'y habituer.

Parmi toutes ces figures gaies, joyeuses, animées, celle du marié est la seule qui exprime le moins d'entrain et de gaîté. Son ami Frédéric, qui est là en observateur, l'aborde en lui disant:

— Qu'as-tu, mon cher Adolphe? pour un marié, je te trouve un air pensif qui n'est pas de circonstance.

— Ah! ma foi, mon ami, je n'en peux plus! toujours danser, c'est assommant!... je n'ai jamais été bien fou de la danse... Un quadrille par-ci par-là! c'est bien, mais ne jamais se reposer, ce n'est plus un plaisir!

— Et qui t'oblige à faire ce métier-là?

— C'est ma femme... Cézarine m'a donné des tablettes sur lesquelles elle a inscrit les noms des personnes qu'il faut que je fasse danser... tu as bien vu tout à l'heure : quand j'ai eu l'air de vouloir me reposer, elle m'envoie bien vite madame Flambard pour me rappeler à mes devoirs...

— Adolphe, veux-tu me permettre de te donner un conseil?...

— Parle, je t'écoute.

— J'ai frémi pour toi, tout à l'heure, en écoutant le portrait que M. de Vabeaupont a fait de sa nièce... S'il a dit vrai, ce n'est pas une femme que tu épouses, c'est un cuirassier!

— Ah! quelle idée!

— J'aime à croire, reprit Frédéric, que le cher oncle a chargé le portrait, mais cependant ta femme se montre déjà un peu exigeante avec toi... Cette dame Flambard... veuve de trois maris, ne cesse pas de dire qu'il faut que ton épouse te mette sur un bon pied.

« Le meilleur pied en ménage, c'est la douceur, c'est une complaisance réciproque, c'est de ne pas dire : Je veux être le maître, mais je ne jamais rien quand on a raison. Si tu t'habitues à faire toutes les volontés de ta femme, elle finira par te regarder comme un zéro, puis agira sans te consulter.

— Ah! sois tranquille, j'ai aussi du caractère ; si on me pousse à bout, je le ferai voir!

— C'est très-bien, mais il vaudrait mieux ne pas te laisser pousser à bout...

— Ah! voilà la ritournelle de la danse... c'est une valse cette fois... je n'aime pas la valse..

— Eh bien, ne valse pas!...

— C'est le tour de madame Boulard... une femme énorme... un paquet, je ne pourrai jamais la soutenir.

— Ne valse pas, dis que cela t'étourdit.

— Mais Cézarine sait bien que je valse... j'ai valsé avec elle... Ah! bon! voilà l'aide de camp qui vient m'avertir...

— Ah oui! la veuve aux trois maris s'avance vers nous!... tiens-toi sur tes gardes!

Madame Flambard s'avance en effet, et dit au marié :

— Eh bien, vous n'entendez donc pas?... on valse ; c'est madame Boulard que vous devez inviter ; Cézarine vient de me le dire... Allez vite!... vous perdez déjà plusieurs mesures... mais allez donc!

Frédéric pousse son ami, en lui disant à l'oreille :

— N'y va donc pas.

Adolphe hésite, puis murmure :

— Je suis bien fatigué... et madame Boulard valse très-mal...

— Vous la ferez aller. Avec un bon valseur une femme va toujours.

— Non, quand une dame n'a pas d'oreilles, son valseur ne peut pas la faire aller en mesure.

— Mais allez donc, monsieur Pantalon, puisque c'est la volonté de votre femme...

— Non... je ne valserai pas cette fois.

— Ah! par exemple!... voilà qui est bien peu aimable, bien peu galant! votre femme sera furieuse.

— Oh! je ne crois pas. J'aime à croire que ma femme ne me boudera pas pour si peu de chose.

La veuve s'éloigne fort mécontente et va rendre compte à Cézarine de la résolution de son mari. La nouvelle épousée ne comprend pas que celui-ci puisse refuser de faire ce qu'elle veut, et dit à M. Fouillac, qui est près d'elle :

— Monsieur Fouillac, allez donc trouver monsieur mon mari, il n'aura pas compris madame Flambard; il doit cette valse à

madame Boulard... cette dame l'attend, elle en a refusé d'autres parce qu'elle compte sur lui, ce serait affreux de lui faire manquer la valse... allez lui dire cela.

— J'y vole, belle dame! et au besoin, si votre époux se refuse à faire valser cette dame, je le remplacerai, quoique je sois un assez mauvais cavalier!...

— Ah! vous êtes un homme charmant! vous faites tout ce qu'on veut, vous!

— Je n'ai plus d'autre profession, madame.

M. Fouillac se dirige, en se dandinant, vers le marié, tandis que Cézarine dit à madame Flambard :

— J'ai bien dans l'idée que c'est ce M. Duvassel, ce nouvel ami d'Adolphe, que je n'avais pas encore aperçu, qui lui donne de mauvais conseils; car jamais jusqu'à présent Adolphe n'avait refusé de faire ce dont je le priais!...

— Oui, dit la veuve, il parlait tout bas à votre époux, et il avait l'air enchanté quand M. Pantalon a refusé de valser.

— Oh! mais nous verrons; il ne faut pas que mon mari s'imagine qu'il doit prendre conseil d'un autre que moi!... Non, non, je ne souffrirai pas cela. Ce M. Duvassel, ce soi-disant docteur, n'aura qu'à bien se tenir.

M. Fouillac est arrivé près du marié, qui cause toujours avec son ami Frédéric ; il lui sourit gracieusement en lui disant :

— Monsieur le futur... ah! pardon, je me trompe; vous n'êtes plus le futur, puisque vous êtes le présent. Monsieur le marié, je viens près de vous en ambassadeur... C'est votre superbe épouse qui m'a délégué ses pouvoirs; il s'agit de vous prier de faire valser madame Boulard, que je ne connais pas, mais que l'on m'a montrée de loin... Petite brune, très-grasse... courte de taille, et qui a des roses dans sa coiffure... je la vois d'ici.

— Monsieur Fouillac, je suis fâché de la peine que vous avez prise, mais j'ai déjà dit à madame Flambard que je désire me reposer un peu ; je suis très fatigué...

— Ainsi, vous ne voulez pas faire valser madame Boulard?...

— Non, pas cette fois.

— Eh bien, donc, si vous le permettez, je vais vous remplacer ; je vais faire valser cette dame qui vous attend, je lui dirai que vous avez une crampe...

— Tout ce que vous voudrez... vous êtes bien aimable, et je vous remercie de ce que vous faites pour moi.

— Trop heureux de vous être agréable; seulement je ne suis pas un très-bon valseur... Cette dame valse-t-elle bien?

— Comme un ange! répond Frédéric en se mordillant les lèvres.

— Oh! alors, elle me guidera! cela ira, mais il faudra qu'elle me guide.

Et M. Fouillac va faire son invitation à la grosse boulotte, qui s'empresse d'accepter.

— Quel est ce monsieur si obligeant? dit Frédéric à Adolphe.

— Une connaissance du capitaine, le fils d'un de ses anciens camarades... Tu lui as dit que cette dame valsait comme un ange, et c'est tout le contraire.

— Il fallait bien l'encourager, puisqu'il faut absolument faire valser madame Boulard.

— Ah! mon ami, comment s'en tirera-t-il, le malheureux, je frémis d'y penser.

— Et moi je me fais une fête de les voir valser... En attendant, voilà ta femme qui passe... Ah! par exemple, elle valse parfaitement.

— Cézarine fait tout ce qu'elle veut. Ton frère valse avec ma sœur.

— Elle est très-gentille, ta sœur; elle a l'air d'être bien douce, modeste!

— Oui, elle a un aimable caractère, un peu timide, mais elle va demeurer avec nous, et Cézarine la formera.

— Ah! mon ami, tâche qu'elle ne la forme pas trop! c'est si gentil une femme timide!

— Décidément, Frédéric, tu as une mauvaise opinion de ma femme !...

— Non, mon ami, non ; seulement je redoute les femmes qui parlent latin. *Oh ! les femmes savantes* : rappelle-toi Molière !

— Ce n'est plus de notre époque !

— Je ne suis pas de ton avis ; les ridicules changent un peu de forme, mais ils reparaissent à toutes les époques ; c'est comme les passions, cela est adhérent à l'espèce humaine.

« Vois donc, est-ce qu'il n'y a pas toujours des ambitieux, des égoïstes, des jaloux, des envieux, des avares, des tartufes, des séducteurs, des raseurs, des blagueurs et enfin des méchants, qui font le mal souvent pour le seul plaisir de le faire, et sans que cela leur rapporte rien ? ceux-ci sont les plus nombreux !... ce qui prouve que nous ne venons pas au monde avec toutes les vertus.

Mais attention ! voici nos valseuses... Bigre ! cela vaut en effet la peine d'être vu. »

M. Fouillac, qui était d'une taille au-dessus de la moyenne, se trouvait avoir la tête de sa valseuse presque sous son menton ; il entrelaçait madame Boulard et tâchait, tout en tournant, de soulever cette grosse masse qui sautillait continuellement à contre-mesure et se laissait aller dans les bras de son cavalier avec un abandon qui devait éreinter celui-ci.

En effet, le malheureux Fouillac sue à grosses gouttes, son visage est devenu écarlate ; il doit tenir ferme sa valseuse, et il faut encore qu'il évite le choc des autres valseurs, dans lesquels madame Boulard est toujours prête à se cogner.

Ce pénible travail ne pouvait durer longtemps : par amour-propre, M. Fouillac ne veut pas s'arrêter, mais il vient un moment où il s'étourdit ; alors il ne sait plus éviter les autres couples qui valsent : poussé par les uns, repoussé par les autres, il a le malheur de se trouver sur le passage du beau Dutonneau. Le bel homme, qui valsait avec une dame de sa capacité, rejette si violemment madame Boulard et son cavalier, que ceux-ci ne résistent pas, ils tombent tous les deux, le valseur sur le dos et la valseuse sur lui.

Heureusement, ils n'étaient point au bal de l'Opéra, où tous les valseurs auraient continué de tourner, au risque de leur passer sur le corps ; dans un bal particulier, lorsqu'un événement semblable arrive, le chef d'orchestre fait un signe à ses musiciens, qui cessent aussitôt de jouer.

Toute la valse s'est arrêtée, on s'empresse d'aller relever le couple qui est à terre : Fouillac ne pouvait pas bouger, parce qu'il avait madame Boulard sur lui, et que cette dame lui fourrait dans la bouche les roses de sa coiffure et son chignon qui s'était détaché. Enfin on a relevé la valseuse ; toutes les dames s'empressent de la rassurer, en lui disant qu'elle est très-bien tombée ; elle n'a pas même montré une de ses jarretières.

Cette assurance ne console que faiblement madame Boulard du chagrin d'être décoiffée ; elle regarde son chignon et ses roses qui gisent sur le parquet et que Fouillac vient de rejeter avec colère de sa bouche. Celui-ci a la figure toute déchirée, car les dames ont en général un très-grand nombre d'épingles dans leur coiffure, et celles qui retenaient le chignon de madame Boulard n'ont pas épargné le visage de son partenaire.

Cézarine, à peine informée de l'accident qui vient d'avoir lieu, ne manque pas d'aller trouver son mari et lui dit avec aigreur :

— Eh bien, monsieur, vous savez ce qui vient d'arriver ?... C'est vous qui êtes cause que madame Boulard est tombée, qu'elle est toute décoiffée, qu'elle a perdu une partie de ses nattes et de ses roses, et que ce pauvre M. Fouillac a la figure tout égratignée ?

— En quoi suis-je cause de cela, ma bonne amie ? Est-ce ma faute si madame Boulard porte de faux cheveux et si M. Fouillac tombe avec sa valseuse ?

— Oui, monsieur, c'est votre faute, car si vous aviez valsé avec madame Boulard, comme c'était votre engagement, tout cela ne serait pas arrivé.

— Mon engagement !... Vous êtes charmante, ma bonne amie ! Ce n'est pas moi qui ai placé tous ces noms de dames sur vos tablettes ; et, en vérité, vous en avez mis trop.

— C'est bien, monsieur, cela suffit. Je me rappellerai votre peu de complaisance.

— Mais, Cézarine, il me semble...

La mariée s'éloigne sans vouloir en écouter davantage et en jetant un regard très-fier sur Duvassel, qui lui fait cependant un salut gracieux.

— Tu m'as fait faire de belles choses !... dit le marié à son ami. Voilà ma femme fâchée contre moi !... Je suis cause que madame Boulard est décoiffée... qu'elle a perdu son chignon !...

— Pourquoi ce M. Fouillac ne sait-il pas mieux tenir sa valseuse ? Allons, calme-toi ; ta femme oubliera tout cela en dansant, et parmi toutes ces dames, je t'assure que j'en ai vu beaucoup qui riaient de l'accident du chignon. Mais voilà mon frère ; il n'est pas de mauvaise humeur, lui !

Le jeune Gustave a, en effet, l'air radieux.

Il s'empresse de dire au marié :

— Ah ! monsieur, que votre sœur est aimable, charmante, comme elle a bien voulu causer avec moi ! Elle n'a pas l'air prétentieux, gourmé, des autres demoiselles. Monsieur, quand nous **reviendrons** de voyage avec mon frère, vous me permettrez d'aller vous voir, n'est-ce pas ?

— Oui, sans doute.

— Tiens, Adolphe, voilà mon frère qui est amoureux de ta sœur !... Il prend déjà feu comme une allumette, ce gamin-là !...

— Eh bien, si plus tard il aime toujours Elvina, on ne sait pas...

— Ah ! oui, monsieur, gardez-la-moi, je vous en prie ; ne la mariez pas à un autre... gardez-la-moi !...

— Soyez tranquille, jeune homme, Elvina est encore trop jeune pour que je songe à la marier de si tôt !...

— Frédéric, tu ne me feras pas voyager trop longtemps, n'est-ce pas ?...

— Laisse-moi donc en paix, petit brûlot ! Je gage que tu vas être amoureux dans chaque ville où nous nous arrêterons...

— Non, non, monsieur Pantalon, je n'en aimerai pas d'autre que votre sœur.. Ah ! une polka ! je vais la faire polker... j'en suis fou... gardez-la-moi, monsieur !...

— Va donc polker...

Le bal se prolonge jusqu'à quatre heures ; alors on va souper. Là, les dames se reposent des fatigues de la danse et les hommes reprennent des forces pour le cotillon.

Adolphe a cherché à se rapprocher de sa femme ; mais celle-ci l'évite et ne lui répond pas quand il lui parle.

— Ça commence bien, se dit Frédéric qui examine le marié du coin de l'œil. Ah ! mon pauvre Adolphe, tu épouses une fort belle femme ; mais, franchement, je n'envie pas ton bonheur.

V

Seize mois après.

Laissons seize mois s'écouler après cette noce, à laquelle nous venons d'assister.

Laissons Frédéric Duvassel parcourir avec son frère l'Angleterre, l'Italie et l'Allemagne. Quand ils reviennent à Paris, le jeune Gustave est moins enfant, moins étourdi qu'à son départ ; mais s'il a eu en pays étranger quelques aventures galantes, il n'a pas cependant oublié la jolie Elvina, dont il est devenu si amoureux à la noce de Pantalon.

Aussi, en arrivant à Paris, dit-il à son frère :

— Tu vas aller voir ton ami Adolphe, n'est-ce pas? puis tu lui demanderas la permission de me mener chez lui...

— Oui, oui, un instant, tu me laisseras bien le temps de me débotter...

— Tu t'informeras de la santé de sa charmante sœur... Oh! elle doit être bien grandie!...

— Peut-être! Est-ce que tu tiens à ce qu'elle soit plus grande?...

— Oh! non, mon frère, je ne demande qu'à la retrouver telle que je l'ai laissée il y a seize mois...

— Je désire pour toi qu'elle ne soit pas changée; mais en seize mois il arrive tant de choses!...

— Tu me fais peur! si elle allait ne plus m'aimer!

— Comment! ne plus t'aimer? Est-ce que cette jeune fille si timide t'avait, comme cela, tout de suite dit qu'elle t'aimait?

— Oh! non... mais vois-tu, sans rien dire, on s'entend quelquefois si vite!... Ah! si je me suis trompé, je serai bien malheureux!

« Tais-toi, tu n'as pas encore vingt-deux ans; à cet âge-là, l'amour ne rend malheureux que les imbéciles, et tu ne l'es pas.

— Quand iras-tu voir M. Pantalon?

— Ah! fiche-moi la paix! j'irai dans quelques jours...

— Demain, mon frère, demain, je t'en conjure!

— Mon Dieu, que tu es pressé!

— Tu m'as dit toi-même, Frédéric : « Lorsqu'une chose peut nous rendre heureux, il ne faut jamais la remettre au lendemain. »

— C'est juste! *Désaugiers*, dont les chansons avaient bien leur mérite, a dit :

> Aujourd'hui nous appartient,
> Et demain n'est à personne.

« Allons, calme-toi, terrible amoureux!... mais ne te laisse pas aller à de trop douces illusions. Un sage... non, un philosophe, ce qui est à peu près la même chose, un philosophe a dit : Au retour d'un long voyage, attendez-vous à retrouver votre maison brûlée, votre femme infidèle et vos enfants morts!...

— Je n'ai ici ni maison, ni enfants, ni femme, ni maîtresse!...

— C'est juste, tu peux braver le destin. C'est consolant pour ceux qui ne possèdent rien, ils peuvent dormir tranquilles. Mais il y a encore l'amour qui met martel en tête à ceux qui sont assez fous pour en faire une passion.

— Tu n'as donc jamais été amoureux, toi, mon frère?

— Si fait! mais tranquillement, agréablement... Pour moi, l'amour a toujours été un plaisir et jamais un chagrin.

— C'est que tu n'as jamais été vraiment amoureux!

— Allons, je ne veux plus te taquiner, mon pauvre Gustave; demain j'irai voir les époux Pantalon!

— Ah! tu es bien gentil, et tu parleras pour moi; tu diras que je suis maintenant bien sage, bien raisonnable... enfin que je suis bon à marier.

— Je ne sais pas trop si je dois dire cela, car je n'en crois pas un mot. Mais si, dans ce monde, on se disait jamais ce que l'on croit, on n'aurait pas de longues conversations. Il y a un fameux diplomate qui a dit : « La parole a été donnée à l'homme pour qu'il pût déguiser sa pensée!... » et malheureusement le grand diplomate avait raison!

Le lendemain, Frédéric traversait la place de la Bourse pour se rendre chez son ami de collège, lorsqu'au même endroit où quinze mois auparavant il avait rencontré Adolphe Pantalon, il se trouve encore nez à nez avec celui-ci.

— Tiens! c'est lui! s'écrie Frédéric.

— C'est toi! fait Adolphe.

— Nous sommes donc destinés à nous retrouver toujours à cette place!...

— C'est vrai... il y a dans la vie des hasards qui ressemblent à des *fait-exprès*. Nous nous sommes rencontrés ici il y a seize mois...

— Tu allais te marier... et moi je revenais de voyage absolument comme aujourd'hui; je suis arrivé à Paris avec Gustave hier au soir... et je me rendais chez toi comme il y a seize mois; seulement, je présume que tu ne vas pas encore te marier!

— Oh! non, c'est assez de l'être une fois!...

— Comme tu me dis cela, mon pauvre Adolphe! Mais voyons, que je t'envisage... Ah! je suis obligé de te dire que tu n'as plus cette mine fraîche et riante d'autrefois!... tu es maigre!

— Ceci ne serait rien! ce n'est pas la graisse qui fait le bonheur...

— Non, elle ne le fait pas, mais elle l'annonce souvent!

— Tu as l'air sérieux... triste même, toi jadis si joyeux, si boute-en-train...

— Ah! mon ami, le mariage a changé tout cela!

— Tu n'es donc pas heureux dans ton ménage?... Voyons mon cher Adolphe, prends-moi le bras, promenons-nous, et conte-moi tes peines.

— Tu sais bien que je suis ton meilleur, peut-être même ton seul ami!... car c'est tout aussi rare que les maîtresses fidèles, et je serais trop heureux d'alléger tes chagrins, si en effet tu en as.

— Oh! oui, j'en ai... Tiens, Frédéric, tu avais raison, ce n'est pas une femme que j'ai épousée, c'est un cuirassier!

— Vraiment? je t'avais dit cela pour plaisanter, moi!

— Ce n'est pas une plaisanterie : Cézarine veut toujours commander; pour un mot, une légère observation, elle se fâche, s'emporte, et quand elle est en colère, brise tout ce qui se trouve sous sa main!...

— C'est nerveux!

— Trop de nerfs, mon ami, infiniment trop de nerfs. Pendant les premiers mois de notre mariage, elle était enceinte, je me suis soumis sans murmurer; je me disais : C'est sa position qui la rend ainsi, les effets se passeront avec la cause. Ma femme a mis au monde une belle petite fille : très-bien!... Elle l'a mise en nourrice à Brétigny, près du château de son oncle : rien de mieux. Elle va la voir quand l'envie lui en prend : je ne trouve aucun mal à cela; d'ailleurs elle va en même temps voir son oncle, qui maintenant ne vient plus du tout à Paris, parce que sa goutte ne lui permet pas de quitter son domaine. Eh bien, mon ami, croirais-tu que depuis qu'elle est accouchée, ma femme est devenue encore moins aimable qu'avant?... D'abord elle a pris l'habitude de critiquer tout ce que je fais et de vouloir se mêler même de mon travail, des procès que j'ai à défendre!... Quand on vient pour me consulter au sujet d'une cause nouvelle que l'on veut me confier, si je suis absent, ma femme reçoit le client; elle se fait expliquer l'affaire et il lui est arrivé plusieurs fois de renvoyer la personne en lui disant : « Votre cause est mauvaise, mon mari ne plaidera pas pour vous, je ne veux pas qu'il se charge de votre affaire, il perdrait... remportez vos papiers, le droit n'est pas pour vous. »

— Ah! c'est très-amusant!... Madame est jurisconsulte!...

— Mais non, mon ami, cela n'est pas amusant du tout!... j'ai beau lui dire : « Ma chère amie, les causes les plus mauvaises sont celles qui nous font le plus d'honneur, parce qu'elles sont les plus difficiles à défendre!... » alors elle me rit au nez, ou sais-tu ce qu'elle me répond?

— Ma foi, non!

— Elle me répond que je n'y entends rien; qu'en général les hommes ne savent pas plaider, qu'ils n'ont pas assez de finesse pour saisir le côté faible d'une affaire, et que ce sont les femmes qui devraient être avocates.

— Pour parler, il est bien certain qu'elles ne resteraient pas à court!...

— Malheureusement j'ai perdu les deux dernières causes que j'ai plaidées; tu comprends que ma femme ne m'a pas épargné les épigrammes! Si elle avait plaidé, elle, oh! elle prétend qu'alors mon client aurait gagné sa cause. C'est en tout comme cela. Dernièrement je vais à la chasse avec quel-

L'âne s'est abattu et madame Flambard a roulé en dehors de la charrette... (Page 26.)

ques amis, je reviens bredouille!... Ce n'est pas ma faute, mais Dieu sait si Cézarine s'est moquée de moi!

— Mon pauvre Adolphe! Après seize mois de mariage... c'est trop tôt.

— Ainsi dans tout : madame prétend s'y entendre mieux que moi. Enfin, mon cher, après seize mois de mariage nous en sommes venus à avoir chacun notre appartement!...

— Des mariés de votre âge!... c'est triste.

— Cézarine est et a été encouragée dans ses idées par ses intimes amies : mesdames Vespuce, Dutonneau, Bouchetrou, Étoilé, Grassouillet... la veuve Flambard... et bien d'autres encore... Ah! si tu savais comme ces dames traitent les hommes!... Suivant elles, nous devrions nous borner à être leurs esclaves, à faire leurs commissions; elles doivent tenir la bourse et ne nous donner de l'argent que lorsqu'elles sont satisfaites de notre conduite.

— C'est à pouffer de rire!

— Non, je t'assure que ça ne fait pas rire quand on est l'époux d'une de ces virago! Il y a aussi M. Fouillac, qui flatte les idées de ces dames : aussi daignent-elles l'admettre dans leur conciliabule... elles le trouvent digne de leur confiance.

— Parce qu'il est tombé en valsant avec madame Boulard?

— Parce qu'il porte encore sur son visage les marques des épingles qui attachaient le chignon de sa valseuse : ce sont de nobles cicatrices qui le rendent charmant aux yeux de ces dames.

— Et tu reçois ce monsieur-là?

— O mon Dieu, il le faut bien... Cézarine ferait de beaux cris si je le renvoyais! Du reste, ce monsieur, que je crois Gascon de caractère, comme de naissance, ne cherche qu'à se faire inviter à dîner et paye son écot en anecdotes, dans lesquelles le beau sexe a toujours le beau rôle.

— Et ta sœur, ta jolie petite sœur, tu ne m'en parles pas... est-elle toujours avec vous?

— Oui, mais je crois qu'il aurait mieux valu pour Elvina qu'elle restât à sa pension!

— Pourquoi donc cela?

— Mais parce qu'en vivant avec Cézarine, en entendant sans cesse dire du mal des hommes, en voyant de quelle façon ma femme me parle, ma sœur s'habitue à être moins docile, à répondre avec un ton d'assurance, à se permettre des observations sur ce qu'on la prie de faire... enfin parce que ce n'est plus cette jeune fille si douce, si timide que tu as vue à ma noce.

— Diable! et mon frère qui en est toujours amoureux, qui ne pense qu'à elle, ne parle que d'elle!

— En vérité?

— C'est au point qu'à peine arrivé hier, il voulait que j'accourusse chez toi, qu'il brûle d'y être présenté.

— Amène-le, mon ami, amène-le, ces dames ne sont pas encore venues jusqu'à ne pas vouloir recevoir un jeune et gentil garçon.

— Et moi, passerai-je par-dessus le marché?

— Sois tranquille; je reçois les amis de ces dames, ce serait bien le diable si on n'accueillait pas les miens!

— Ce n'est pas une raison... Mais ce que tu viens de me dire de ta sœur m'inquiète pour ce pauvre Gustave!... il ne faut pas laisser cette jeune fille devenir un cuirassier, ni même un petit fifre...

— Oh! il y a encore de la ressource! Elvina a un heureux naturel, et quelquefois lorsque ma femme m'a dit quelque chose qui m'a fait de la peine, si ma sœur s'en aperçoit, elle vient bien vite m'embrasser, en me disant tout bas : Ne te fâche pas, Adolphe! Cézarine ne dit cela que pour ne pas céder!...

— C'est égal, je crois qu'il est temps que mon frère se montre, s'il ne veut pas que ta sœur tourne à l'androgyne!... Peut-on se présenter demain soir chez toi?

— Justement c'est notre jour de réception, mais sans cérémonie, sans toilette... je parle pour les hommes, car les dames en font toujours, mais ceci est de leur domaine.

Le gamin a eu si peur, qu'il pousse des cris horribles en disant qu'on l'a écrasé. (Page 28.)

— Oui, car c'est pour nous plaire qu'elles aiment à se parer ; nous ne saurions trouver cela mal !

— Ah ! mon cher Frédéric, ce n'est pas toujours pour plaire aux hommes que les femmes veulent avoir de belles toilettes, mais c'est dans l'espoir d'éclipser, de faire endéver leurs meilleures amies !

— Sapristi ! Adolphe, tu traites ces dames bien sévèrement à présent !

— Que veux-tu ? on m'a aigri le caractère. Tu viendras demain soir avec ton frère, c'est entendu ?

— Oui, mais ne m'annonce pas d'avance à ta femme ; j'ai dans l'idée qu'elle ne me voit pas d'un bon œil...

— Et tu n'as pas tort, mon pauvre Frédéric, reprit Adolphe, de croire que tu n'es pas bien vu de Cézarine.

— Mais la raison de cette antipathie ?

— Ah ! mon ami, on te soupçonne de m'avoir conseillé de ne point faire valser madame Boulard !... et, par ricochet d'être cause de la chute du chignon de cette dame et des égratignures dont M. Fouillac a les marques sur la joue.

— Diable ! je n'ai qu'à bien me tenir, alors !... Mais enfin je suis médecin et, comme tel, si je puis guérir ces dames de quelques migraines, cela me ferait peut-être obtenir mon pardon. Ta femme a-t-elle des migraines ?

— Je ne crois pas.

— C'est dommage ; mais enfin cela pourra venir.

VI

Où madame Pantalon se dessine.

La réunion était assez nombreuse chez l'avocat Pantalon.

Les amies intimes de Cézarine manquaient rarement à ces soirées, où elles se plaisaient à se conter entre elles tous les griefs qu'elles avaient à reprocher à leurs maris ; quelquefois

ce n'était pas de griefs, mais c'était la sottise, l'incurie de ces messieurs dont elles se plaignaient.

Le résultat de ces confidences, de ces entretiens, était toujours le même. Cézarine disait :

— Il faut changer tout cela ! les lois sont mal faites, les places mal occupées, les professions mal tenues... Les rôles enfin sont distribués d'une manière absurde ! Les hommes se sont adjugé les emplois honorifiques, les récompenses, les éloges, les faveurs : tout est pour eux... Ils nous ont mises à l'écart, comme si nous n'étions bonnes qu'à soigner des enfants ou à nous occuper de chiffons ! Fi ! ces messieurs nous ont fait injure !... Nous sommes tout aussi capables qu'eux de remplir des emplois dans des bureaux, dans des administrations, dans le commerce ou dans la banque, car je compte comme *Barême*, moi. Quand je dis aussi capables, je me trompe, c'est plus capables que je dois dire ! nous avons cent fois plus de finesse dans notre petit doigt qu'ils n'en ont dans toute leur lourde personne !... Est-ce que nous ne serions pas, si nous voulions, avocats, médecins, juges, poètes, auteurs, romanciers ?... Dans ces dernières professions, les femmes ont déjà fait leurs preuves !... Douterait-on de notre adresse, de notre courage ? Mais pour dompter un cheval, pour conduire un char dans la carrière, voyez ces hardies écuyères de l'Hippodrome et dites-moi si tous vos cavaliers du bois de Boulogne sont capables de faire ce qu'elles font ? S'il s'agissait d'aller à la guerre, de combattre des ennemis, est-ce que l'on croit que nous ne saurions pas manier un sabre, une épée, tirer un coup de fusil ?... Je le répète, les femmes sont faites pour arriver à tout... Ai-je besoin de vous citer ces femmes célèbres dont les noms sont à jamais illustres ?... Je ne vous parlerai pas de *Jeanne d'Arc*, parce que celle-là... c'est une gloire à part ! mais la grande *Catherine* de Russie, *Élisabeth* d'Angleterre, *Marguerite d'Anjou, Marie-Thérèse* et tant d'autres encore, n'ont-elles pas prouvé que les femmes doivent commander, puisqu'elles portent si bien une couronne !...

Et pendant que Cézarine s'arrêtait pour prendre haleine, la veuve Flambard s'écrie

2

— Oui, le règne des hommes a duré trop longtemps!... il faut que le masculin fasse place au féminin!... J'ai eu trois maris, je sais comment il faut conduire ces messieurs... Mes maris sont morts, ils m'ont claqué dans la main, ce n'est pas ma faute; s'ils avaient vécu, c'eût été des maris modèles.

Pendant que ces dames causaient ainsi entre elles, les hommes parlaient affaires, théâtres, politique, faisaient un whist, où quelques douairières, qui n'avaient pas encore rompu tout commerce avec le genre masculin, voulaient bien prendre part.

Mais M. Fouillac ne manquait pas de se mêler parmi le camp des réformatrices; il approuvait leurs projets, applaudissait à leurs discours, et disait souvent :

— Je suis de votre avis, madame, les hommes ne sont bons qu'à gagner de l'argent...

— Pour le dépenser ensuite avec des cocotes, répliquait madame Dutonneau, et aller les promener dans les squares!

Lorsque Frédéric et son frère font leur entrée dans le salon les positions étaient établies comme nous venons de l'expliquer.

Quand le domestique annonce : « Messieurs Duvassel! » Cézarine relève la tête : ce nom l'a frappée, bien que depuis longtemps elle n'ait pas entendu parler de ceux qui le portent. Mais ses regards se dirigent aussitôt sur les personnes qui arrivent, elle reconnaît sur-le-champ Frédéric, et dit à ses amies :

— C'est le monsieur qui, au bal de ma noce, est cause que mon mari n'a pas fait valser madame Boulard!

Ces dames font toutes un mouvement de répulsion comme si elles voyaient apparaître Belzébuth, et la grosse madame Boulard porte aussitôt la main à son chignon pour s'assurer qu'il ne tombera pas.

— Et que fait-il, ce monsieur? demanda Paolina.

— Il est médecin ou du moins se donne pour tel. C'est un docteur qui voyage toujours.

— Alors quand soigne-t-il ses malades?

— Il ne les soigne pas.

— C'est peut-être bien heureux pour eux... Un médecin qui voyage toujours! quelle amère plaisanterie! Vous êtes attaqué par une maladie grave; vous envoyez sur-le-champ chez votre docteur, vous désirez qu'il vienne bien vite vous voir, et on vous répond : « Monsieur le médecin est en ce moment à Constantinople; mais soyez tranquille, aussitôt qu'il sera de retour, on l'enverra chez vous!... »

— C'est un docteur in partibus!

Frédéric s'empresse d'aller saluer la maîtresse de la maison. L'accueil de Cézarine est poli, mais froid.

— Madame ne doit pas me reconnaître, dit Duvassel, car je n'ai encore eu le plaisir de me trouver qu'une seule fois avec elle...

— Oh! pardonnez-moi, monsieur, je vous reconnais parfaitement, vous étiez au bal de ma noce...

— Oui, madame...

— Et vous aviez avec mon mari une conversation bien intéressante, sans doute, car il n'a pas voulu l'interrompre pour faire valser une dame qui comptait sur lui...

— Madame, Adolphe est un de mes meilleurs amis. J'arrivais de voyage comme en ce moment, et après une longue absence, deux amis de collège ont toujours mille choses à se dire... D'ailleurs je crois me rappeler qu'Adolphe me faisait part de son bonheur... il me montrait sa femme...

Cézarine ne peut s'empêcher de sourire. Elle dit à ses amies :

— Il a de l'esprit!...

— Il n'en est que plus dangereux, dit madame Étoilé.

— De ce côté-là, dit la grande Olympiade, mon mari ne l'est pas.

— Dutonneau aurait beaucoup d'esprit s'il le voulait, soupire la superbe Armide, mais il n'en fait pas usage avec moi; il le garde pour briller près de ses maîtresses.

— Tous les hommes qui ont de l'esprit sont méchants, répond Paolina.

— Ma chère, je ne suis pas entièrement de cet avis, dit Cézarine. Vive l'esprit! emollit mores!...

— Ah! si vous parlez latin, vous aurez toujours raison, nous ne le comprenons pas.

Après avoir salué Cézarine, Gustave cherche des yeux la gentille Elvina, et il a quelque peine à la reconnaître, car la petite fille timide a disparu pour faire place à une jeune personne d'une taille svelte, dont la tenue n'est plus aussi modeste, dont les beaux yeux ne se baissent plus dès qu'on lui adresse la parole.

Cependant, ces yeux-là ont toujours ce charme qui a séduit Gustave, il les reconnaît et s'empresse d'aller s'asseoir auprès d'Elvina.

Gustave ne peut s'empêcher de lui dire :

— Mon Dieu, mademoiselle, pardonnez-moi de ne point vous avoir reconnue d'abord... mais vous êtes si changée!...

— Ah! vous me trouvez bien changée, depuis le mariage de mon frère?... Mais, écoutez donc, monsieur, il y a seize mois de cela... et en seize mois, on change, surtout à dix-sept ans... Aujourd'hui j'ai près de dix-huit ans et demi... je ne suis plus une enfant. J'apprends à monter à cheval...

— Ah! vous apprenez?...

— Oui, ma sœur me conduit au manège...

— Mais vous êtes toujours charmante, mademoiselle; si vous êtes changée, c'est à votre avantage...

— J'ai grandi beaucoup.

— Votre taille est élégante... et si les yeux grandissaient, je croirais que les vôtres ont fait comme votre taille...

— Mais, vous aussi monsieur, vous êtes changé...

— Vous croyez, mademoiselle?

— Oui... vous avez bruni... et puis...

— Et puis?

— Vous avez de petites moustaches; il me semble que vous n'en portiez pas il y a seize mois.

— C'est vrai, mademoiselle.

— Ah! c'est très-gentil les moustaches! Vous avez bien fait de laisser pousser les vôtres.

Gustave trouve la réflexion assez singulière chez une jeune fille, mais il n'en continue pas moins :

— Mademoiselle, si ma personne est changée... mon cœur, ne l'est pas!... De cette noce... de ce bal... où j'ai eu le bonheur de danser plusieurs fois avec vous, j'avais emporté un si doux souvenir!... Oh! il ne m'a pas quitté! il est resté là, dans mon cœur, avec l'image de celle... de... vous devinez bien de qui, n'est-ce pas, mademoiselle?

La jeune Elvina rougit, elle n'a pas encore appris à rire d'une déclaration d'amour; d'ailleurs, il y a tant d'éloquence dans les yeux de Gustave, sa voix est si tendre, il semble si bien éprouver ce qu'il dit, que le cœur de la jeune fille bat avec force et qu'elle est bien émue en balbutiant :

— Mais non, monsieur, je ne devine pas de qui... pourquoi voulez-vous que je devine?...

— Cette image, c'est la vôtre, mademoiselle!

— La mienne!... ah! par exemple... vous avez pensé à moi pendant seize mois!

— Une fois que l'on aime quelqu'un, mademoiselle, est-ce qu'on n'y pense pas toujours?...

— Mais je ne sais pas, moi, monsieur! vous me dites des choses... que je n'avais pas encore entendues...

— Je vous dis ce que j'éprouve... vous me croyez, n'est-ce pas, mademoiselle?

— Oh! non, monsieur; d'abord, ma sœur Cézarine m'a prévenue qu'il ne fallait jamais croire ce que nous disent les hommes, elle assure que vous êtes tous des menteurs!

— Madame votre sœur nous traite bien mal; mais elle a dit cela pour plaisanter.

— Non, c'était bien sérieusement...

— Elle ne veut donc pas que vous preniez un jour un mari?

— Un mari... oui, peut-être... mais à condition qu'il sera mon esclave.

— Eh bien, charmante Elvina, je serais bien heureux d'être

le votre... laissez-moi espérer que vous me choisirez pour votre esclave...

— Ah! monsieur, j'ai dit esclave... mais je crois bien, aussi, que ma belle-sœur a voulu m'effrayer en me faisant du mariage un tableau qui ne me donne pas l'envie d'y songer. Elle ne se trouve pas heureuse... Pourquoi? je l'ignore. Il me semble cependant que mon frère n'est pas méchant, et je suis bien persuadée qu'il aime bien sa femme. L'amour ne suffit donc pas pour qu'on fasse bon ménage?

— Il ne suffit pas quand il n'existe que d'un côté; mais lorsque deux cœurs s'entendent bien; quand la confiance la plus grande règne entre les deux époux; quand les regards se cherchent sans cesse pour se sourire, les mains pour se presser... ah! pensez-vous pas que dans une telle union réside la vraie, la plus douce félicité?

La sœur d'Adolphe hésitait pour répondre... mais Cézarine, qui trouve qu'elle cause beaucoup trop longtemps avec le frère de Frédéric, l'appelle et lui dit d'aller se mettre au piano, parce que ces dames désirent l'entendre chanter.

— Ah! oui, s'écrie la veuve Flambard, chantez-nous la Femme à barbe.

Tous les hommes se mettent à rire, tandis qu'Elvina répond:

— Je ne sais pas cette chanson-là, madame.

— Tant pis! Je l'apprendrai, moi, et un de ces soirs je vous la chanterai.

Pendant qu'on fait de la musique, Adolphe a pris son ami dans un coin et lui dit:

— Eh bien, comment t'a reçu ma femme?

— Assez bien, quoiqu'elle n'ait pas oublié que je t'avais empêché de valser avec madame Boulard...

— Ah! elle a une mémoire étonnante!...

— Par exemple, il m'a semblé que toutes ces dames qui entourent ta femme me faisaient la grimace...

— Elles la font à presque tous les hommes... Il n'y a que M. Fouillac qui est dans leurs bonnes grâces, parce qu'il renchérit encore sur le mal qu'elles disent des hommes.

— Mais c'est un traître que ce monsieur-là!

— Ce qu'il dit à ces dames est si ridicule que parfois je suis tenté de croire qu'il se moque d'elles, ou qu'il veut faire le quatrième mari de la veuve Flambard...

— Est-ce que toutes les dames qui viennent chez toi ont juré haine aux hommes?... C'est que, franchement, cela ôterait beaucoup de charme à tes réunions.

— Oh! non, grâce au ciel, ces idées folles qui troublent l'esprit de ma femme et de ses intimes amies ne sont pas partagées par toutes les dames qui viennent chez moi! Tiens, vois là-bas à gauche cette jolie blonde qui sourit au discours que lui tient ce grand jeune homme debout près d'elle, celle-là n'est pas du camp des *indépendantes*.

— Qu'est-ce que c'est que les indépendantes?

— Ce sont les dames qui se révoltent contre ce qu'elles appellent le joug des hommes, qui veulent tout changer dans les positions sociales, enfin qui veulent remplir les emplois occupés jusqu'à présent par notre sexe. Ma femme se fait gloire d'être une des plus chaudes indépendantes!

— Ah! mon Dieu! où allons-nous? Si toutes les femmes veulent porter les culottes, il ne nous restera plus qu'à mettre des jupons alors...

— Je crois qu'elles en seraient enchantées!... Le désir de commander, mon cher, c'est renouvelé de la fée Urgèle.

— Pauvres femmes!... elles ne comprennent pas qu'elles commandent bien plus avec leurs jupes et leur taille bien prise que lorsqu'elles prennent le ton et les allures d'un homme. En copiant le genre masculin, elles perdraient tous leurs avantages. Ah! voilà mon frère! il a causé avec ta sœur... il me semble qu'il n'a pas l'air aussi heureux qu'en venant ici.

Gustave s'approche des deux amis, il sourit à Adolphe, mais son sourire n'est pas franc, on voit qu'il cache une arrière-pensée.

— Eh bien, mon futur beau-frère, dit Adolphe en riant... vous venez de causer avec ma sœur?... L'absence ne lui a-t-elle pas nui à vos yeux?

— Oh! non, monsieur; mademoiselle Elvina est toujours charmante... toujours aimable; seulement...

— Ah! il y a un *seulement!* s'écrie Frédéric, j'en étais sûr, je le voyais arriver de loin...

— Mais, mon frère, laissez-moi donc achever: je veux dire que mademoiselle Elvina n'est plus aussi timide, aussi... comment dirai-je?... aussi naïve qu'autrefois... On lui a donné de singulières idées sur les hommes; on lui a dit qu'il ne fallait jamais les croire, qu'ils mentaient sans cesse...

— Parbleu! c'est ma femme qui lui a dit cela!

— Ensuite, comme je lui déclarais que je serais bien heureux d'être son mari, elle m'a répondu qu'un mari ne devait être qu'un esclave...

— Assez, assez, laissez-moi donc achever: je veux dire que mademoiselle Elvina n'est plus aussi timide, aussi... convient plus... un mari doit être un esclave! Voilà de belles idées à mettre dans la tête d'une adolescente!... je ne la laisserai pas épouser une jeune personne imbue de tels principes!...

— Oh! c'est une plaisanterie, Frédéric, je suis bien persuadé que mademoiselle Elvina me disait tout cela pour rire!...

— Non, non, ce n'était pas pour rire... cette jeune fille a pris toutes ces idées de sa belle-sœur; en se mariant, elle voudra les voir se réaliser; et demande donc à Adolphe s'il rit avec sa femme?

— Oh! non! répond Adolphe en poussant un gros soupir. Nous ne rions plus, notre ménage n'est pas gai! je ne vous souhaite pas de l'avoir un pareil.

— Monsieur Pantalon, mademoiselle votre sœur est encore toute jeune... elle répète ce qu'elle entend, mais il sera facile de la ramener à des idées plus raisonnables.

— Il faudra qu'elle change diablement pour que je te la laisse épouser, moi! Nous avons sous les yeux le ménage d'Adolphe, il doit nous servir d'exemple. Depuis seize mois d'une union où les mariés avaient tout ce qu'il faut pour être heureux, voilà des époux qui vivent comme chien et chat... Et encore il y a des chats qui vivent très-bien avec des chiens, tandis qu'ici je vois un mari qu'on traite de Turc à Maure, auquel on ne ménage pas les mauvais compliments, et tout cela parce qu'il a été trop bon, trop obéissant... trop bête! car voilà le vrai mot, dans les premiers jours de son mariage. Et tu épouserais une jeune personne à laquelle on inculque les mêmes idées d'indépendance! Non, mon frère, cela ne sera point... La demoiselle désertera le camp de ces dames, ou tu ne l'épouseras pas.

Gustave ne souffle pas mot, mais il va auprès du piano et se met à contempler Elvina. Pour Frédéric, il s'est mis au jeu, ne se souciant pas d'aller affronter le regard des indépendantes.

Après avoir passé deux heures chez Adolphe Pantalon, les deux frères se retirent, Gustave tout attristé du changement qui s'est fait dans les manières et le langage d'Elvina, et Frédéric affligé de voir son ami malheureux dans son ménage.

VII

Les escapades de Chou-Chou

Pendant quelques semaines, Frédéric continue d'aller aux soirées qui ont lieu chaque jeudi chez son ami Pantalon. Cézarine reçoit très-froidement les deux frères. Mais Frédéric, qui tient à voir toujours son ancien camarade de collège et à observer l'intérieur de son ménage, affecte de ne point s'apercevoir de la sécheresse avec laquelle il est accueilli par madame Pantalon et redouble près d'elle d'amabilité, de politesse, ce qui fait endêver Cézarine, qui voudrait au contraire ôter à Frédéric l'envie de continuer ses visites.

Gustave tâche toujours de causer avec Elvina, mais il en a rarement l'occasion ; madame Pantalon, qui trouve mauvais que ce jeune homme fasse la cour à sa belle-sœur, s'applique à empêcher celle-ci de parler longtemps avec Gustave. Dès qu'elle voit le frère de Frédéric s'asseoir près d'Elvina, elle trouve un prétexte pour rompre leur entretien. Elle appelle la jeune fille et l'envoie faire de la musique, ou lui dit qu'une de ses amies a quelque chose à lui demander.

Elvina semble quelquefois regretter de quitter si vite ce jeune homme, qui la regarde tendrement et lui répète sans cesse qu'il l'adore, mais elle obéit à celle qui a pris tant d'empire sur son esprit, et lorsque par hasard elle a mis trop de temps à rester près de Gustave, Cézarine ne manque pas de lui dire :

— Ma chère amie, c'est bien inconvenant de causer comme vous le faites avec ce jeune Duvassel ; vous êtes donc assez sotte pour ajouter foi aux sornettes qu'il vous débite ?... Cela ne vous fait pas honneur !...Toutes ces dames se moquent de vous, et il doit en faire autant. D'abord il est à bien mauvaise école ; son frère, le soi-disant médecin, est un donneur de mauvais conseils. C'est lui qui, au bal de ma noce, avait conseillé à mon mari de ne point faire valeur cette pauvre madame Boulard ; et vous savez ce qui en est résulté. Des hommes qui viennent se mêler, s'immiscer dans le ménage de leurs amis sont des fléaux qu'on devrait bannir de la société.

L'humeur de Cézarine devient si altière, si revêche avec son mari, que celui-ci commence à ne plus pouvoir supporter le ton impérieux de sa femme.

Il se permet de lui répondre avec autorité ; alors ce sont des scènes, des querelles ; des mots piquants que madame adresse à son mari, et qui ne font qu'aigrir celui-ci et chasser tout espoir de réconciliation entre les deux époux. Un incident vient aggraver la situation. Adolphe perd une cause importante qu'il s'était flatté de gagner. Au lieu de consoler son mari d'un événement qui, après tout, peut être assez commun dans la profession d'avocat, et ne faisait aucun tort à leur fortune, Cézarine, en apprenant l'issue du procès, s'empresse d'aller trouver Adolphe, pour lui dire d'un ton moqueur :

— Eh bien, monsieur, vous venez encore de perdre votre cause... cette cause que vous étiez si sûr de gagner !...

— Oui, madame, je devais la gagner, car le bon droit était pour moi. Mon client est un honnête homme, tandis que son adversaire est un fripon... Mais, malheureusement, les gens de mauvaise foi sont habitués à avoir des procès, ils connaissent toutes les ressources de la chicane... ils se remuent, ils cherchent, ils trouvent des moyens pour qu'on ne voie goutte dans tout ce qui était tout simple. Un honnête homme, au contraire, sûr de son droit, reste bien tranquille, ne fait aucune démarche, et attend qu'un résultat qu'il ne suppose pas un moment pouvoir lui être défavorable... mais errare humanum est !... c'est le fripon qui gagne.

— Le fripon gagne, parce que l'avocat n'a pas su bien défendre la cause de son adversaire !... Au reste, vous êtes si habitué maintenant à perdre les causes que l'on vous confie que vous ne devriez pas être surpris d'avoir perdu celle-ci !...

— Non-seulement je suis surpris, madame, mais je suis aussi affligé.

— Allons donc ! puisque vous ne faites que cela !

— Madame, quand je suis, par ma profession, appelé à défendre un voleur, à pallier un délit, que je blâme moi-même, perdre ma cause ne m'afflige nullement ; au contraire, je m'en félicite quelquefois...

— C'est gentil, un avocat qui se félicite quand il a perdu sa cause !... Ah ! je la trouve bonne, celle-là... Lundi-Gras n'aurait pas mieux raisonné...

— Madame, je ne sais pas comment raisonne Lundi-Gras ; mais, quant à vous, vous ne savez me dire que des choses désagréables.

— Je ne vous en dis pas encore assez, monsieur ; vous devriez comprendre que je suis honteuse d'être la femme d'un

aussi mauvais avocat. Laissez-moi plaider à votre place, monsieur, et vous verrez que cela ira mieux.

— Non, madame, je ne vous laisserai pas plaider à ma place. Et si vous êtes honteuse de porter mon nom, eh bien, quittez-le, séparons-nous...

— Ah ! vous croyez peut-être me désespérer en me parlant de nous séparer !... Mais il y a longtemps que j'y ai pensé... Oui, monsieur, oui, nous nous séparerons et je garderai ma fille, parce qu'une mère doit élever sa fille... Si c'était un garçon, ah ! je vous le laisserais volontiers ; mais une fille, je la garde.

Adolphe ne répond rien ; en entendant parler de son enfant, il a ressenti au cœur une douleur profonde. Il se dit que pour sa fille il aurait peut-être dû avoir plus de patience, que c'est une triste position que celle d'un enfant qui ne peut recevoir en même temps les caresses de son père et les baisers de sa mère. Il quitte Cézarine sans dire un mot de plus.

Quelque temps s'écoule, les deux époux ne se parlent pas. Cézarine affecte d'éviter la présence de son mari ; et lorsque la jeune Elvina lui demande pourquoi elle est en brouille avec son frère, elle se borne à lui répondre :

— Ma chère, j'ai des raisons probablement pour en agir ainsi avec votre frère. J'ai des projets que je veux mettre bientôt à exécution. Je rêve la renaissance de la femme...

— La renaissance ?...

— Oui, la femme recouvrant ses droits civils et politiques.

— Je ne comprends pas.

— Il n'est pas besoin que vous compreniez. Laissez-vous guider par moi, vous vous en trouverez bien.

On ne se disait plus rien, mais ce calme apparent n'était que le précurseur de la tempête. L'orage grossissait sourdement dans les ménages de ces dames qui voulaient être indépendantes. C'était à Cézarine que l'on venait conter ses plaintes, et celle-ci écoutait avec joie ces confidences, parce qu'elle voyait s'approcher la réalisation des projets qu'elle avait conçus.

C'est dans la journée, chez Cézarine, que ses intimes amies venaient se plaindre de leurs maris.

Madame Étoilé arrive, la mine pincée, le dépit dans les yeux ; et entre chez madame Pantalon en s'écriant :

— C'est à ne pas le croire !... en vérité, c'est à ne pas le croire !...

— Quoi donc, chère amie ? dit Cézarine en faisant asseoir Paolina sur une causeuse. Vous semblez bien irritée !...

— Vous allez voir si je n'ai pas sujet de l'être : je savais très-bien que mon mari n'était pas un aigle... d'abord on trouve rarement des aigles parmi ces messieurs !

— Rara avis !

— Ah ! ma bonne amie, je suis poète, mais je n'ai jamais cultivé le latin ; je regarde cette langue morte comme une amplification de langage fort inutile pour les femmes de lettres...

— Allez toujours !

— Je disais donc que mon mari n'est pas un aigle, mais je ne croyais pas que c'était une buse. Eh bien, il l'est, c'est une buse de la plus forte espèce ! Vous saurez que je viens de terminer un poème sur la différence qu'il y a entre un homme et une levrette... Et, comme vous le pensez bien, tous les avantages sont du côté de la levrette. C'est gentil, c'est parfumé ; j'ai soigné cela, j'y ai mis tout mon cœur. J'ose croire que c'est parfaitement réussi ; du reste, vous en jugerez ; je vous le lirai un de ces soirs... demain, peut-être...

— Allez toujours !...

— J'ai eu la bonté de vouloir donner à M. Étoilé les prémices de ce morceau... Je lui fais lecture de mon poème... Je n'étais encore qu'à la moitié, lorsque ce Welche... ce Hottentot se lève en me disant : « Mais c'est stupide, ce que vous me lisez là !... Merci, j'en ai assez !... » et il est parti.

— Ce n'est pas poli !

— C'est-à-dire que c'est de la dernière impertinence. Je ne puis pas vivre avec un homme qui ne comprend pas la poésie... J'ai prévenu M. Étoilé que je le quitterais.

— Y êtes-vous bien résolue ?

— Oh ! tout à fait !

— Très-bien, nous partirons ensemble ; nous fonderons la tribu des indépendantes.

— Ah ! bravo ! bravissimo... les indépendantes ! Ce nom est superbe ! cela sent le roman, le mélodrame... On fera une pièce sur nous !... Je crois qu'il y a eu autrefois un drame qui obtint un immense succès et qui était intitulé : *Robert, chef de brigands*; mais c'était au temps de la première république; nous ne pouvons pas avoir vu cela, ni l'une ni l'autre. Je suis fort étonnée que cette pièce n'ait pas été reprise de nos jours. J'ai la brochure, qui est fort rare.

— Dites-moi, s'il vous plaît, chère dame, quels rapports vous trouvez entre nous et votre *Robert, chef de brigands*?

— C'est que ce Robert ne se croyait pas chef de brigands; il appelait ses hommes des *indépendants !* C'étaient des redresseurs de torts, des espèces de francs-juges.

— Dites-donc tout de suite des *illuminés.*

— Ah ! illuminés, voilà encore un joli nom !... Si, au lieu d'indépendantes, nous nous nommions les illuminées ! Qu'en pensez-vous? Cela me plairait beaucoup de pouvoir dire : Je suis illuminée !

— Non, cela prêterait à la plaisanterie ; ces messieurs seraient capables de nous chanter : *Des lampions ! des lampions !*... Croyez-moi, il faut nous contenter d'être indépendantes...

Après madame Étoilé arrive madame Bouchetrou, qui est furieuse, parce que son mari ne veut pas porter un petit manteau de Crispin et prétend se faire habiller à la dernière mode.

— Il devient donc coquet? demande Cézarine...

— D'une coquetterie outrée... Vous savez combien il est grêlé ?

— Oh ! oui !

— Eh bien, croiriez-vous que monsieur veut aujourd'hui se faire vacciner ?

— Ah ! mon Dieu ! et pourquoi faire ?

— Il y a des personnes qui lui ont dit que, s'il avait la petite vérole une seconde fois, cela ferait disparaître la première grêle.

— Et il croit cela ?

— Oui, mesdames, il va se faire vacciner et s'habiller en gamin. Je lui ai dit : « Bouchetrou, si vous faites tout cela, je vous abandonne. » Savez-vous ce qu'il m'a répondu?... « Ça m'est bien égal ! »

— Ah ! de la part d'un homme grêlé, c'est bien malhonnête !...

L'énorme madame Dutonneau ne tarde pas à venir mêler ses doléances à celles de ses amies. Elle entre essoufflée, suffoquée ; elle se laisse aller sur une chaise qu'elle fait craquer sous le poids de sa rotondité ; elle est quelque temps avant de pouvoir parler... Cézarine lui apporte un verre d'eau qu'elle boit d'un trait.

Enfin elle peut s'exprimer :

— Madame, mon mari est un monstre ! un scélérat, un infâme !...

— Ce n'est pas nouveau, vous nous avez déjà dit cela, chère amie.

— Oui, mais ce que je ne vous ai pas dit, c'est que maintenant j'ai découvert ses intrigues, à ce *Sardanapale !* Il a une maîtresse... il a deux maîtresses... il a trois maîtresses !

— Tant que cela ! c'est fort !...

— Vous jugez, d'après cela, si je dois être délaissée !... Dernièrement, trouvant que Chou-Chou multipliait trop ses absences, je feins d'être indisposée ; il sort et moi je le suis. Il m'avait dit qu'il allait faire sa partie de dominos au café de la Rotonde... Je veux en avoir le cœur net. Il gagne le boulevard Sébastopol... Ce n'était pas le chemin du Palais-Royal. Je me dis : Ce n'est pas le double-six qu'il va chercher par là... Je gage qu'il va se rendre dans quelque square ! En effet, il s'arrête au square des Arts-et-Métiers... C'est le rendez-vous de toutes les bonnes du quartier. Je me dis :

Chou-Chou dérogerait-il jusqu'à donner dans le torchon, lui, toujours imprégné de vinaigre de Bully?... Mais non, c'est une grisette qui arrive... car il y en a toujours, de ces maudites grisettes, dont on prétendait que la race avait disparu avec celle des carlins. Ce n'est pas vrai : il n'y a plus de carlins, mais il y a et il y aura toujours des brodeuses, des brunisseuses, des fleuristes, des enlumineuses, des chemisières, des giletières, des repriseuses, des piqueuses de bottines, des apprentes couturières, lingères et modistes ! A coup sûr, vous ne mettez pas toutes ces demoiselles dans la catégorie des femmes galantes ; comment donc les nommez-vous, si ce ne sont pas des grisettes ?

— Mais, des ouvrières.

— Oui, celles qui vont assidûment à leur ouvrage ; mais celles qui veulent s'amuser, aller au spectacle, chez le traiteur et danser à la Closerie des lilas...

— Allons, nous vous passons les grisettes, revenez à votre mari.

— J'y arrive, à ce monstre !...

— La grisette, continue madame Dutonneau, la grisette va droit à Chou-Chou ; c'est une blonde filasse, de ces figures qui ne signifient rien... de la fraîcheur peut-être, mais pas autant que moi, enfin la beauté du diable !... Croiriez-vous que cette drôlesse va sur-le-champ et d'un air délibéré prendre le bras de mon mari, qui lui sourit et l'accueille en faisant bouche en cœur?... Vous devinez ce que j'éprouve en ce moment !...

— Vous vous élancez sur votre mari, et vous arrachez cette fille de son bras !

— C'était mon intention, et j'allais le faire... lorsque j'en suis empêchée par quelque chose que je n'avais pas prévu,...

— Votre pied s'accroche, vous glissez?...

— D'abord je ne glisse jamais, mais je n'aurais pas pu m'élancer sur Chou-Chou, parce que j'étais séparée de lui par un bassin plein d'eau... Vous savez qu'il y a des bassins dans ce square. J'allais tourner cet obstacle, lorsque je vis une autre grisette... une brune cette fois, à la mine émerillonnée, au regard effronté, se diriger sur le groupe que je guettais ; on se sourit, on se donne des poignées de main, et la brune s'empare de l'autre bras de mon mari...

— Ça fait une à chaque bras.

— J'étais suffoquée, je ne savais plus que faire... Dans ma colère, je ne voyais plus le bassin qui me séparait de Chou-Chou, et je crois que j'allais le traverser comme une pelouse de gazon... Mais une nouvelle surprise m'attendait !... Une troisième grisette vient vers l'infâme trio... Celle-ci est une femme pâle, qui a les cheveux châtains tirant sur le roux, et des yeux à demi ouverts... en carpe pâmée. Elle sourit à ce scélérat de Chou-Chou.

— Elle n'a pas pu lui prendre le bras, puisqu'ils étaient occupés.

— C'est ce que je me disais, et j'étais curieuse de voir ce qu'elle allait... faire. Mais il paraît que ces péronnelles se connaissent, car la dernière venue prend aussitôt le bras de la blonde, et les voilà qui s'en vont en se tenant tous les quatre de front...

— Que faites-vous, alors?

— Je suis le quatuor, et je me dis : Voyons ce que mon Joconde va faire de ses conquêtes...

— Il les a menées au spectacle?

— Non pas !... c'eût été trop peu ! il les a menées chez un traiteur... oui, je les ai vus entrer tous les quatre dans un restaurant de la rue Saint-Martin et s'arrêter dans un salon du rez-de-chaussée... C'est indigne !

— Permettez, madame Dutonneau, dit Cézarine, ce n'est pas pour excuser votre mari, mais il me semble qu'une partie de plaisir avec trois dames est moins criminelle qu'un rendez-vous avec une seule...

— Moins criminelle !... quand il mène trois grisettes chez un traiteur ! Mais vous ne songez donc pas à tout ce qu'elles ont dû manger, ces drôlesses !... Ça dévore, ces femmes-là !... il leur faut des omelettes soufflées et du champagne... Voilà

où passe notre argent.,. Et moi, on trouve que je, suis gourmande, quand je demande de l'anguille à la tartare !... Vous
comprenez que je n'ai pas voulu me compromettre avec ces
demoiselles : je me serais fait agonir; je suis rentrée chez
moi; j'ai attendu le retour du sacripant!... Je lui ai dit tout
ce que j'avais vu, et j'ai terminé en, lui avouant que j'étais
décidée à me séparer de lui, que je ne pouvais plus vivre
avec un homme qui passait tout son temps dans les squares
et que l'on rencontrait avec trois femmes sous le bras... trois
femmes qu'il menait dîner dans un restaurant!...
— Très-bien !
— Et le polisson m'a répondu : ...
« — Soyez tranquille, je ne courrai pas après vous. » ..

Après madame Dutonneau, c'est madame Vespuce, madame Grassouillet et bien d'autres encore qui partagent les
idées de Cézarine, veulent s'affranchir de toute obéissance
aux volontés de leurs maris et remplir dans le monde les
mêmes emplois et professions que les hommes.

Madame Boulard se mêle au conciliabule des indépendantes; depuis qu'en y valsant elle a perdu son chignon, elle
prétend que tous les hommes doivent avoir la tête rasée et ne
porter qu'une petite natte comme les Chinois.

Enfin, la veuve Flambard n'est pas une des moins ardentes
à demander une réforme dans les habitudes de la société, où
elle prétend que la femme doit commander, tenir la caisse et
faire les lois.

VIII

Grande résolution.

Lorsque madame Pantalon est certaine d'avoir un grand
nombre d'alliées, elle les rassemble et leur dit :

— Êtes-vous bien décidées à me seconder, à travailler
avec moi à l'émancipation de la femme, à la placer enfin au
même niveau que l'homme... en attendant que nous nous
mettions au-dessus?

Toutes les dames répondent avec un accord bien rare :

— Oui, oui, oui, nous sommes décidées.
— Me reconnaissez-vous pour chef de cette entreprise?
— Parfaitement!
— Vous m'obéirez comme tel?
— Cela va sans dire.
— Vous le jurez?
— Est-ce bien nécessaire de jurer?
— Damel!... pas trop ! car j'ai remarqué que dans le
monde le serment n'engageait à rien.
— Alors ne jurons pas.
— C'est bien plus sûr... vous n'êtes liées que par votre
volonté, ça vaut mieux qu'un serment.
— Voilà déjà une réforme! s'écrie la veuve Flambard,
nous décidons qu'à l'avenir, en affaires comme en toute autre
chose, on ne jurera plus !...
— C'est entendu, mesdames; écoutez-moi bien.
— Nous ne sommes qu'oreilles!
— Faites vos préparatifs comme pour un grand voyage;
emportez toutes vos toilettes, tous vos bijoux... emportez
de l'argent, si vous en avez, celles qui n'en auront pas s'en
passeront; je vous mènerai dans un endroit où vous n'aurez
jamais besoin de rien dépenser.
— Quel est donc ce fortuné séjour?
— Eh parbleu! c'est à Brétigny, dans le château de mon
oncle le capitaine.
— Et il voudra bien nous recevoir... nous héberger
toutes?
— Il en sera enchanté. Je lui ai écrit pour lui faire part
de mes intentions, de mes projets; voici ce que M. de Vabau-
pont m'a répondu... Vous écoutez, n'est-ce pas !
— Nous ne faisons que cela...

— C'est que je vois, là-bas, madame Vespuce qui cause
avec madame Grassouillet... Quand je parle, je ne veux pas
qu'on cause!
— Mon Dieu, chère dame, dit madame Vespuce, je de-
mandais seulement à madame Grassouillet si elle savait où
est situé Brétigny...
— Et j'ai répondu à madame que je ne savais pas plus
qu'elle...
— Mesdames, c'est à moi que vous auriez dû demander
cela... je vous aurais répondu que Brétigny est en Picardie,
à quelques lieues de Noyon.
— Et Noyon est loin de Paris?
— A vingt-six lieues environ... C'est une ville historique;
elle fut quelque temps la capitale de l'empire de Charlema-
gne, qui s'y fit couronner en 768. Hugues Capet y fut élu roi
en 887. Les Normands la prirent, la ravagèrent; elle fut
brûlée six fois. François 1er y conclut un traité de paix avec
Charles-Quint en 1516... ensuite...
— Assez! assez d'histoire!
— Oui, nous demandons à entendre la lettre du capitaine.
— Alors qu'on ne m'interroge plus! Je lis.

« Ma chère nièce,

« Tu m'annonces que tu as de grands projets, que tu veux
que ton sexe reprenne les places que les hommes se
sont adjugées et que tu demandes à venir avec celles de tes
amies qui veulent seconder ton entreprise t'établir chez moi,
à Brétigny.
« Par la corbleu ! ma chère, tu ne saurais me faire un plus
grand plaisir! Je m'ennuie comme un vieux bâtiment démâté
dans mon château, où je suis cloué par la goutte, n'ayant
pour toute société que Lundi-Gras, qui ne peut pas apprendre le piquet et qui me triche aux dominos.
« Viens avec tes amies : fussiez-vous un bataillon, j'ai de
quoi vous loger, vous héberger et vous bien nourrir. J'ai aussi
des armes et de la poudre : vous pourrez chasser, courir les
monts, les bois, battre la campagne... plus vous ferez le
diable, et plus je serai content, ça me rappellera mon jeune
temps. Allons, Cézarine, feu de tribord et de bâbord! viens
vite avec tes recrues. Je vous attends... »

— Eh bien, mesdames, que dites-vous de cette lettre?
— Elle est chaude !
— Elle a du nerf!
— Elle vous prouve que vous serez bien reçues...
— Alors, c'est entendu : vous nous emmenez à Brétigny?
— Quand partons-nous?
— Je ne peux encore vous préciser l'époque, mais cela
ne tardera pas. Je n'attends qu'une occasion pour signifier à
M. Pantalon qu'il y a entre nous incompatibilité d'humeur et
que nous ne pouvons plus vivre ensemble. Et je sais déjà
qu'il ne mettra aucun obstacle à notre séparation. Alors je
vous avertirai. Tenez-vous prêtes, c'est tout ce que je vous
demande.
— Et votre jeune belle-sœur?
— Elvina? Elle vient avec nous, cela va de source. Elle
partage mes idées; seulement, je ne l'ai pas prévenue de
notre prochain départ pour Brétigny, parce qu'à son âge on
ne sait pas toujours garder un secret...
— Et M. Fouillac, le recevrons-nous à Brétigny?
— Je crois que nous pourrons l'y recevoir. M. Fouillac
nous est tout dévoué; il est le premier à nous encourager
dans nos projets d'émancipation...
— Oui, et puis il pourra nous être utile, quand nous aurons besoin de quelque chose à Paris.
— C'est cela, nous en ferons notre commissionnaire.

Ces dames se sont toutes séparées.

Elvina a bien remarqué que des conférences avaient lieu
dans la chambre de sa belle-sœur, et qu'on ne l'invitait pas
à en faire partie; mais elle n'osait pas demander à Cézarine
ce qui se tramait avec ses intimes amies.

La jeune fille sentait son cœur agité par divers sentiments :

tout en se répétant qu'elle ne devait pas penser à Gustave, qu'il ne fallait pas croire un mot de ce qu'il lui dirait, que les hommes ne cherchaient qu'à séduire les femmes, puis à se moquer de celles qui les avaient écoutés, les douces paroles, les tendres regards de Gustave la préoccupaient souvent, et alors il lui arrivait de se dire :

— C'est pourtant dommage qu'il ne faille pas écouter ce qu'on a tant de plaisir à entendre !

Cette occasion impatiemment attendue par madame Pantalon ne tarde pas à se présenter.

Un jeune employé d'agent de change, dans lequel Adolphe avait beaucoup de confiance et qu'il consultait lorsqu'il voulait faire quelques achats à la Bourse, lui avait fait part d'un placement avantageux qui s'offrait pour quelqu'un ayant des fonds disponibles, et Adolphe avait mis trente mille francs dans cette affaire.

Mais celui auquel il a confié ces fonds prend la fuite un beau matin, en emportant les sommes qu'il s'est fait remettre.

Cézarine lit cette nouvelle dans un journal et se hâte alors d'aller trouver son mari. Il connaissait déjà la perte qu'il venait de faire, mais n'avait pas jugé nécessaire d'en parler à sa femme.

Madame Pantalon aborde son mari avec cet air railleur qui lui est habituel ; elle tient à la main le journal dans lequel elle vient de lire le fâcheux événement.

— Monsieur, y a-t-il longtemps que vous avez eu des nouvelles de cet honnête M. Durimart, en qui vous avez tant de confiance ?

— Pourquoi me demandez-vous cela, madame ?...

— C'est que, si vous n'en aviez pas, je puis vous en donner, moi ; elles sont dans ce journal... Ce monsieur, que vous aviez si bien jugé, et auquel vous aviez confié trente mille francs... car c'est trente mille francs, je crois, que vous lui avez remis ?

— Oui, madame, c'est bien cette somme.

— Eh bien, il a fui, ce galant homme ! Il est parti en emportant l'argent de ses dupes.

— Je le savais.

— Ah ! vous le saviez et vous ne m'en avez rien dit ?

— À quoi bon ?

— Comment ! à quoi bon ? c'est-à-dire que monsieur se ruinera... perdra sa fortune, et que moi je ne saurai pas où elle a passé ?... Ah ! c'est trop fort ! Il est temps que cela finisse. Je ne resterai pas davantage avec un homme qui ne sait ni gagner une cause ni placer son argent... Il faut nous séparer, monsieur !...

— Oh ! pour cela, madame, je ne demande pas mieux, non pas que je vous reconnaisse le droit de m'adresser aucun reproche pour cette dernière affaire, car la perte que je viens de faire ne vous regarde en rien ; cet argent que j'ai perdu, ce n'est pas le vôtre, c'est le mien. Depuis que nous sommes mariés, madame, je n'ai pas voulu toucher à votre dot... je n'en avais pas eu besoin d'ailleurs. Aujourd'hui, reprenez votre argent, il est encore intact chez votre notaire et je suis enchanté de pouvoir vous le rendre. Ce que je possède, à moi, me suffira amplement, quand je vivrai seul. Vous voulez garder votre fille... soit, elle sera peut-être mieux soignée par une mère... ; mais j'espère que vous lui permettrez quelquefois de venir embrasser son père. Séparons-nous donc, madame, mais sans bruit, sans éclat, sans scandale, et comme des gens bien élevés doivent le faire. Vous voulez qu'une femme ait tous les privilèges d'un homme ; vous ne comprenez pas que l'on puisse être soumise, bonne, douce avec son mari ; moi, je me suis marié dans l'espoir d'avoir un intérieur agréable, la paix dans mon ménage et une compagne qui voudrait bien me sourire, m'aimer même un peu. Nous nous sommes trompés tous deux. Séparons-nous donc bien vite !... Je vous souhaite beaucoup de bonheur, madame, et puis vous assurer que je n'irai pas le troubler.

Après avoir dit ces mots, Adolphe s'éloigne, laissant sa femme un peu interdite du ton calme et résolu avec lequel il a accepté leur séparation.

Mais bientôt la pensée du nouveau genre de vie qu'elle va mener enflamme son imagination, et elle court dire à Elvina :

— Fais tes apprêts... emballe toutes tes affaires... dans deux jours nous partons.

— Ah ! nous allons voyager... avec mon frère ?...

— Du tout ! il n'est pas question de ton frère... nous nous séparons, je le quitte...

— Ah ! mon Dieu ! pourquoi donc cela ?

— Mais parce que nous ne pouvons pas vivre ensemble, tu as bien dû le voir.

— Mais cependant... quitter mon frère !...

— Ah ! si tu aimes mieux rester avec lui que de me suivre, tu en as le droit. Mais, petite niaise, songe donc qu'avec moi et toutes ces dames qui m'accompagnent, nous allons mener une vie nouvelle, et être nos maîtresses, être libres... ne plus faire que nos volontés.

— Vraiment !... et où donc allons-nous ?

— À Brétigny, au château de mon oncle le capitaine, qui est enchanté de nous recevoir !

— Et nous allons là pour longtemps !

— Pour toujours !...

— Ah ! que c'est long ! Et qu'y ferons-nous ?

— Sois tranquille, nous ne nous ennuierons pas : je t'apprendrai à monter à cheval, à faire l'exercice, à tirer l'épée, le sabre, le pistolet... Nous chasserons, nous pêcherons, nous sauterons des haies, nous rosserons même les paysans, s'ils font les insolents. Enfin, nous allons mener cette vie heureuse et vagabonde que mènent les hommes !... ce sera charmant !

IX

Les indépendantes en voyage.

Après avoir répondu à la lettre de sa nièce, le capitaine de Vabeaupont, qui est assis dans son grand fauteuil, une jambe posée sur un tabouret, prend un porte-voix placé sur une table à côté de lui. C'est ce qui lui sert de sonnette ; c'est avec cela qu'il appelle Lundi-Gras et tous ceux dont il a besoin.

Le porte-voix est celui dont il se servait pour commander à ses matelots, et il résonne si bien que, lorsque le vieux marin l'embouche, on entend sa voix d'un bout à l'autre du château.

Le ci-devant mousse n'accourt pas, parce que ses jambes commencent à être moins agiles ; mais il se rend à l'appel du porte-voix et se pose devant son maître, qui lui dit :

— Lundi-Gras, fais monter toute ma maison...

— Toute la maison, capitaine ?...

— Oui, j'ai des ordres à donner.

— Faut-il aussi faire monter les chiens ?

— Imbécile !...

— Dame ! ils sont aussi de la maison.

— Ce sont mes gens que je veux... Allons ! file ton nœud !...

La maison du capitaine se composait alors, outre Lundi-Gras, d'un jardinier assez vieux, de sa fille Nanon, jeune paysanne de seize ans, bête, paresseuse et gourmande, et de Martine, grosse commère de trente-six ans, qui faisait fort bien la cuisine et était, pour cela, particulièrement estimée de M. de Vabeaupont.

— Capitaine, voilà vos gens ! dit Lundi-Gras en amenant tout le personnel du château. Donnez-leur vos ordres !

— Mes enfants, dit le vieux marin, je vous ai fait venir pour vous apprendre que j'attends beaucoup de monde ici. Ma nièce va nous amener nombreuse compagnie.

— Tant mieux ! s'écria la cuisinière, on fera de grands repas... je pourrai me distinguer...

— Oui, Martine, oui, il faudra te distinguer, inventer des

Ah! mon Dieu! mes mains sont murées dans le plâtre... Aglaé... paysan... du monde! (Page 36.)

plats nouveaux, et friands surtout! car ce sont des dames qui vont arriver... rien que des dames!...

— Ah! bah!... pas seulement un petit homme?

— Pas le plus petit homme. Nanon, tu auras soin de préparer des chambres... beaucoup de chambres...

— Est-ce que ces dames n'auront pas leurs domestiques?

— Ma nièce amènera sa femme de chambre, naturellement. Mais pour les autres, je n'en vois pas la nécessité. Toi, Flanquet, soigne bien ton jardin; prépare-nous de bons légumes, de beaux fruits...

— Des fruits! des légumes! ah! capitaine, je ne sommes qu'au mois de mai... Ça pousse, mais faut encore attendre!

— Enfin, soigne tout cela... et tes fleurs aussi... les femmes aiment beaucoup les fleurs.

— Ah! oui, mais elles en cueillent toujours... elles dévastent le parterre.

— Elles cueilleront, elles dévasteront tant qu'elles voudront; je t'ordonne de les laisser faire et de ne pas te plaindre. Toi, Nanon, tu veilleras à ce que la basse-cour soit bien garnie... et qu'il y ait des œufs dans le poulailler...

— Quand les poules n'ont pas envie de pondre, je ne peux pas les y forcer, moi!

— Non, mais quand elles viennent de faire des œufs, tu pourrais ne pas courir les prendre et les avaler tout chauds!...

— Ah! capitaine, c'est M. Lundi-Gras qui vous a dit ça! Mais c'est pas vrai!...

— Lundi-Gras ne m'a rien dit; mais si je ne puis pas marcher, de ma fenêtre je vois encore très-bien ce qui se passe...

— Qu'est-ce que la Nanon chante que j'ai parlé des œufs?...

— Assez! mille tonnerres!... je n'ai pas besoin de vos propos!... Vous avez entendu mes ordres; qu'on s'y conforme.

Le personnel s'éloigne d'assez mauvaise humeur, excepté la cuisinière, qui aime son art et se réjouit d'avoir l'occasion de déployer ses talents.

Mais mademoiselle Nanon, qui est aussi paresseuse que gourmande, dit, en hochant la tête avec humeur:

— Faire des chambres pour une ribambelle de femmes!..

merci! je vais en avoir de l'agrément!... Avec ça que les femmes, ça n'est jamais content, on n'a jamais fait le lit à leur idée!... Il y a sans cesse quelque chose à reprendre... Je ne les ferai pas du tout, ça sera plus vite fini!...

— Et mon jardin! elles vont bien m'arranger mon jardin! dit le père Flanquet. Elles cueilleront toutes les fleurs, elles sont capables de ne pas en laisser une sur sa tige!... Elles mangeront les cerises avant qu'elles soient mûres!... elles marcheront dans mes plates-bandes, elles écraseront mes asperges et mes petits pois!... Une compagnie de femmes dans un beau jardin!... mais j'aimerais mieux y voir de jeunes poulains!...

Quatre jours plus tard, le chemin de fer du Nord amenait à Noyon un premier convoi d'indépendantes; il se composait de Cézarine, Elvina, mesdames Étoilé, Bouchetrou, Vespuce, la veuve Flambard et mademoiselle Aglaé, femme de chambre de madame Pantalon, petite brunette à l'œil vif, au nez retroussé, qui n'avait jamais juré haine aux hommes, mais qui avait bien voulu suivre sa maîtresse à Brétigny, fort curieuse de voir ce que l'on allait faire dans ce château qu'elle ne connaissait pas, n'étant que depuis quelques mois au service de Cézarine.

De nombreux colis accompagnaient les voyageuses, car les dames ne se déplacent pas sans emporter avec elles leurs toilettes, et celles-ci avaient une telle provision de robes, de chapeaux, de bonnets, de chiffons et de chaussures, que seize malles et quinze cartons suffisaient à peine pour les contenir.

Mais de Noyon il y a encore deux lieues à faire pour arriver à Brétigny et au château du capitaine. Ces dames sont descendues à la station, entourées de leur formidable bagage.

Cézarine s'adresse à un employé.

— Monsieur, nous allons à Brétigny...

— C'est à deux lieues d'ici, madame.

— Je le sais, j'ai assez souvent fait ce voyage. Mais alors je venais toujours dans une calèche que je louais. Cette fois nous avons pris le chemin de fer; on arrive beaucoup plus

Taisez-vous, chipie ! — Vous n'êtes pas une chipie, vous, mais vous êtes une pie, ce qui est bien pis. (Page 48.)

vite assurément, mais à présent, comment allons-nous faire pour nous rendre à Brétigny ?

— Vous allez suivre la route que je vais vous indiquer... il n'y a pas à se tromper ; et en allant sans vous presser, dans deux heures et demie vous arriverez.

— Comment !... en allant sans nous presser ? est-ce que vous croyez, monsieur, que nous allons faire cette route à pied ?...

— Mais je ne vois pas d'autre moyen.

— Ah ! quelle horreur ! faire deux lieues à pied ! s'écrie Paolina, moi qui ne suis pas marcheuse !...

— S'abîmer les pieds sur les cailloux ! dit la jolie madame Vespuce ; mes charmantes bottines seraient bientôt déchirées.

— Moi, je ferais bien mes deux lieues en me promenant, dit la veuve Flambard ; je marche comme un troupier !

— Mais moi, madame, je ne les ferai pas ! dit la grande Olympiade. Ce n'est pas que je répugne à marcher... mais en ce moment j'ai un cor qui me fait beaucoup souffrir...

— Voyons, mesdames, calmez-vous, dit Cézarine ; à coup sûr, nous n'irons pas à pied... Ah ! si on pouvait seulement nous procurer quatre chevaux... nous prendrions trois dames en croupe, et zeste ! au galop !... Moi, je ferais les deux lieues à cheval en moins d'une demi-heure.

— Mais, comme nous ne voulons pas monter en croupe, il ne s'agit pas de se procurer des chevaux, mais une voiture... Nos bagages, d'ailleurs, est-ce que vous les prendriez en croupe ?

— C'est juste... il nous faut une voiture... deux voitures même... Monsieur l'employé, où peut-on se procurer des voitures, ici ?

— Madame, il n'y a pas de voiture qui fasse le service de Noyon à Brétigny.

— Mais il n'est pas possible que, dans le pays, quelques paysans n'aient point une carriole, une charrette... fût-ce même une voiture de blanchisseuse... avec de l'argent, on doit toujours obtenir ce qu'on veut ; nous ne pouvons pas rester là à regarder nos colis ! Allons, Aglaé, cours d'un côté,

madame Flambard de l'autre... moi, je vais demander partout... vous autres, gardez les bagages ! Ah ! si nous avions seulement des vélocipèdes pour faire ce trajet-là !

— Des vélocipèdes ! quelle horreur !... Est-ce que les femmes vont là-dessus ? ce n'est fait que pour les hommes.

— Ah ! je vous réponds bien que si j'en avais un, moi, je ne balancerais pas à me mettre à califourchon dessus !...

Les trois voyageuses sont parties.

Les autres restent près de leurs malles, de leurs cartons, qu'elles regardent d'un air piteux.

Trois quarts d'heure s'écoulent ; la veuve Flambard revient essoufflée, décoiffée, désolée ; elle n'a rien trouvé que des brouettes, et elle a pensé que ces dames ne voudraient pas se servir de cette locomotive pour faire deux lieues.

— Et, d'ailleurs, qui est-ce qui nous brouetterait ? demanda Paolina.

— Il y a des paysans qui, pour cent sous, nous rouleraient jusqu'à Brétigny... Mais que penserait le capitaine s'il nous voyait toutes arriver en brouettes ?... Nous ferions une drôle d'entrée !...

Enfin Cézarine revient en criant :

— Victoire ! j'ai une voiture de blanchisseur, grande, couverte ; nous y tiendrons toutes, et nous y serons très-bien ; on m'a assuré qu'elle était suspendue.

— Et nos colis ?

— Ah ! je ne crois pas qu'ils y tiendront tous.

Mais Aglaé arrive, suivie d'une petite charrette à laquelle est attelé un âne, et d'un petit garçon de dix ans, qui est le charretier.

Alors plus d'alarme ; on fait mettre les malles dans la charrette, les dames prennent avec elles les cartons.

Le blanchisseur arrive avec la voiture, et nos voyageurs se hâtent d'y prendre place.

Le blanchisseur y adapte deux banquettes qui lui servent quand il mène sa famille à une fête aux environs, les banquettes y sont attachées par des courroies ; puis, sur le devant de la voiture, il y a une banquette plus petite sur laquelle se met celui qui conduit.

— Diable ! mais je ne vois que deux banquettes ! dit Cézarine quand elle est dans la voiture.

— Ah ! je ne pouvons pas en mettre davantage... et combien donc que vous êtes ?

— Sept.

— Eh bien, trois sur chaque banc et une à côté de moi, v'là votre affaire !...

— Trois sur chaque banquette... nous aurons de la peine à y tenir !

— On se presse un peu... et ça va !...

— Allons, mesdames, essayons... heureusement, vous n'êtes pas bien grosses... si ce n'est madame Flambard... Mesdames Vespuce... Étoilé, Bouchetrou, mettez-vous sur la banquette du fond... Ça y est !...

— Ah ! c'est bien juste !.

— On ne pourra pas se moucher...

— Vous ne vous moucherez pas... Madame Flambard, Elvina et moi sur la seconde banquette. Aglaé près du blanchisseur... Y sommes-nous ?

Tout le monde est monté, mais lorsque la veuve Flambard, qui est très-forte, veut s'asseoir près de Cézarine, qui n'est pas mince, il n'y a pas moyen de se caser. La jeune Elvina a beau se coller contre les barreaux de la voiture, il est impossible à madame Flambard de s'asseoir. Elle s'écrie tout à coup :

— Que nous sommes simples !... Aglaé, qui est très-mince, va se mettre à ma place, et moi je vais m'asseoir à côté du blanchisseur.

L'échange de places se fait. Tout le monde est parvenu à s'asseoir, le blanchisseur fait claquer son fouet, on part. La charrette suit avec l'âne et le petit garçon.

Le cheval du blanchisseur a un petit trot extrêmement modéré dont il ne se départ pas. Les voyageuses trouvent que la voiture les secoue horriblement.

— Vous seriez bien plus secouées si vous n'étiez pas serrées les unes contre les autres ! dit le blanchisseur.

— C'est juste, répond Cézarine, chaque chose a un bon côté, et je vois que madame Flambard, qui est moins gênée, fait parfois des bonds qui me font craindre de la voir sauter dehors.

En effet, la veuve ressentait des cahots qui l'enlevaient de dessus sa banquette et la faisaient presque toujours retomber sur les genoux du blanchisseur. Celui-ci est un vieux ridé, qui n'a pas l'air aimable ; il murmure :

— Dites donc, madame, pourquoi donc que vous vous jetez comme cela sur mes genoux ?

— Est-ce que vous croyez, blanchisseur, que je le fais exprès ?... Je vous trouve encore plaisant ! ce sont les cahots de votre horrible voiture qui me font sauter ainsi. J'aime encore mieux sauter sur vos genoux que dehors.

— Il faut tâcher de vous tenir mieux... parce que, voyez-vous, quand vous êtes sur moi, ça me gêne pour conduire Bibi...

— Il va bien lentement, Bibi, dit Cézarine, est-ce que vous ne pourriez pas le fouetter un peu ?

— Ça n'y ferait rien du tout !... Bibi a son allure, voyez-vous ; les bêtes, c'est comme nous autres ; on se fait une manière d'aller, on n'en change plus.

Bientôt arrive un cahot si fort, que la veuve Flambard saute et, en retombant, écrase presque le blanchisseur. Celui-ci jure. Bibi s'en est arrêté. Madame Flambard descend de la voiture en disant :

— Je ne veux pas rester là plus longtemps... Ah ! une idée !... je vais monter dans la petite charrette qui nous suit ; je me mettrai sur ma malle, et je serai cent fois mieux que là...

— Mais, madame Flambard, cette charrette est déjà bien chargée... l'âne semble avoir de la peine à la tirer, si vous vous mettez dessus, il ne pourra plus marcher.

— Bah ! je ne suis pas si lourde !... Les ânes sont, en général, très-forts. Quand ils ne veulent pas marcher, c'est par

paresse. Mais je vais prendre le fouet du petit garçon, et je parie que je vous laisse en arrière.

Madame Flambard court à la charrette. On l'entend bientôt qui se dispute avec le petit garçon, qui ne veut pas lui confier son fouet.

Elle s'en empare cependant, monte dans le pauvre véhicule, grimpe sur les malles, s'assoit en avant, prend les guides et se met à fouetter l'âne, qui, à la grande surprise des voyageuses de l'autre voiture, se met à galoper et dépasse bientôt Bibi.

— Vous voyez comme je conduis, moi ! dit la veuve en jetant un regard moqueur sur le blanchisseur ; voilà un âne qui va mieux que votre cheval !

— C'est bon ! c'est bon !... nous verrons s'il ira longtemps comme ça ! répond le blanchisseur en secouant la tête. Vous l'éreintez, vous l'échinez, ce pauvre animal !... Mais il n'ira pas comme cela jusqu'à Brétigny.

Dix minutes se passent. La charrette était en amont de cent pas environ, lorsque, tout à coup, on la voit s'arrêter, puis on entend un cri.

C'est l'âne qui s'est abattu, madame Flambart a roulé en dehors de la charrette, qui heureusement n'était pas haute ; elle ne s'est fait qu'une bosse au front.

— Patatras ! dit le blanchisseur, je savais bien que ça finirait ainsi.

Bibi s'arrête, Cézarine descend de voiture pour aller relever madame Flambard, mais celle-ci s'est déjà relevée elle-même.

Quant à l'âne, c'est bien différent, il ne veut plus se remettre sur ses pieds ; Cézarine, le blanchisseur, la veuve et l'enfant essayent de le relever, il résiste à leurs efforts. Mais on n'était plus qu'à deux portées de fusil de Brétigny ; Cézarine ordonne au petit garçon de rester près de la charrette, elle lui enverra bientôt du secours. Elle remonte dans la voiture du blanchisseur, madame Flambard en fait autant, et, au bout de cinq minutes, on arrive enfin devant la demeure du capitaine.

C'est un spectacle curieux que celui des voyageurs sautant hors de la voiture qui est entrée dans la cour du petit château. M. de Vabeaupont, qui s'est traîné jusque sur son balcon, ne revient pas de sa surprise et s'écrie :

— Mais dans quel diable d'équipage arrivez-vous là ?

— Ah ! cher oncle, on prend ce que l'on trouve, lui dit Cézarine ; nous vous ferons plus tard le récit de nos aventures de voyage. Veuillez d'abord envoyer Lundi-Gras et votre jardinier aider à relever l'âne qui traîne nos bagages ; le blanchisseur va les conduire.

Sur un signe de son maître, Lundi-Gras se hâte de suivre le blanchisseur, qui laisse sa voiture dans la cour. Madame Pantalon pousse le jardinier, en lui ordonnant d'aller avec Lundi-Gras. Puis, s'adressant à ses compagnes :

— Mesdames, suivez-moi, que je vous présente à mon oncle.

On suit Cézarine, qui monte au premier étage, où se tient presque toujours le vieux marin. La goutte l'a forcé à regagner sa chaise longue ; mais il fait un salut gracieux aux dames qui lui arrivent, en disant à sa nièce :

— Tu m'amènes bien peu de monde, Cézarine ; je comptais sur un bataillon, et je ne vois qu'une patrouille.

— O mon oncle, vous ne voyez que l'avant-garde... les autres viendront bientôt ; mais elles n'étaient pas prêtes, et nous étions pressées d'arriver. Voici des dames que vous connaissez, Paolina, Olympiade, madame Flambard, de sont d'anciennes amies... madame Vespuce, vous l'avez déjà vue aussi ?

— Oui, madame était à la noce...

— Cette grande demoiselle, c'est Elvina, ma belle-sœur...

— Oh ! comme elle est grandie ! C'était une petite chaloupe, et c'est aujourd'hui une jolie corvette !... Et cette brunette qui se tient là-bas, au fond ?

— C'est Aglaé, ma femme de chambre. Maintenant, mon

oncle, que les présentations sont faites, si vous le permettiez, nous irions chacune nous reposer un peu dans nos chambres, car la voiture qui nous a amenées depuis Noyon nous a horriblement cahotées; n'est-ce pas, mesdames?

— Oh! oui, je suis moulue..

— Je suis brisée!

— J'ai mal partout!

— Je ne puis plus me tenir!...

— Allez vous reposer, mes enfants, et rappelez-vous une chose : vous êtes ici chez vous; on fait ce qu'on veut, on sort, on court, on rentre, on est libre; seulement, il faut être exact à l'heure des repas. Je déjeune à onze heures, je dîne à six; oh! pour cela, je ne varie pas d'une minute!... et quand on n'est pas arrivé, tant pis! je n'attends pas et on sert à l'heure dite.

Ces dames se hâtent de profiter de la permission qui leur est accordée. Nanon conduit les cinq nouvelles venues en leur disant :

— Nous avons des chambres au premier, au second, aux mansardes : choisissez.

— Mets ces dames au premier étage, dit Cézarine; il me semble que cela leur est dû, puisqu'elles arrivent les premières. Moi, j'ai mon appartement au rez-de-chaussée, Elvina logera à côté de moi!...

— Et moi, madame?

— Toi, Aglaé, tu auras une chambre dans les mansardes...

— Mais nos malles, nos robes, nos effets? s'écrie madame Vespuce, il me serait impossible de goûter un moment de repos avant d'être certaines que mes toilettes ne sont pas perdues.

— Ah! moi aussi, dit la grande Olympiade; j'ai d'ailleurs dans un de mes coffres divers cosmétiques... des essences... des parfums... cela m'est indispensable pour ma toilette.

— Moi, dit madame Étoilé, je ne me sers d'aucun cosmétique... d'aucune poudre de riz ou autre; la nature me suffit!... Mais j'ai dans mes malles des manuscrits très-précieux... des pièces de vers commencées, le plan d'un drame historique; ah! grand Dieu!... Si je perdais tout cela!... Je ne m'en consolerais pas!...

— Allons, rassurez-vous, mesdames, dit Cézarine, voilà Lundi-Gras, l'âne, la charrette et toutes vos malles qui entrent dans la cour... Vos noms sont sur les colis, on va vous porter à chacune ce qui vous appartient.

— Ah! bravo! vive madame Pantalon!

Et les dames vont prendre possession de leur chambre, tandis que Lundi-Gras, aidé par le père Flanquet, retire les malles de la charrette, tout en disant :

— Tout ça pour leur toilette! En ont-elles des chiffons, ces dames! Je ne m'étonne plus si on dit souvent qu'elles ont un petit minois chiffonné.

II

Le choix d'un uniforme.

Cézarine et ses amies étaient arrivées à Brétigny à cinq heures du soir et trop fatiguées par les cahots de leur voiture pour songer à autre chose qu'à se reposer. Une fois tranquilles sur le sort de leurs toilettes, elles se jettent sur leur lit et dorment jusqu'à onze heures du soir. Alors elles s'éveillent, se lèvent, parce qu'elles ont faim, et chacune carillonne, demande de la lumière... C'est Lundi-Gras qui arrive, suivi de Nanon, qui bâille et se tire les bras. Elle est de fort mauvaise humeur de ce qu'on lui ait défendu de se coucher.

Mais le capitaine avait bien pensé qu'à leur réveil les voyageuses auraient faim, et il avait ordonné qu'on tînt leur souper tout prêt, tout dressé dans la salle à manger.

Lundi-Gras s'empresse d'y conduire ces dames, qui poussent un cri de joie à l'aspect d'une table bien servie, et se hâtent d'y prendre place et de boire à la santé de leur hôte, qui fait si bien les choses.

— Pourquoi le capitaine ne soupe-t-il pas avec nous? demande la veuve Flambart.

— Parce qu'il est couché et dort, madame, répond Lundi-Gras. Mon capitaine se couche toujours à dix heures et ne soupe jamais.

— Nous te faisons veiller bien tard aujourd'hui, mon pauvre Lundi-Gras! dit Cézarine.

— Oh! moi, ma capitaine, ça m'est égal... Quand on a vécu sur mer, on fait son quart de somme quand ça se trouve!... et où ça se trouve... J'ai dormi dans les cordages, et je tiens pas à être dans un lit... Mais v'là Nanon!... Oh! par exemple, celle-là, j'ai eu de la peine à la faire tenir éveillée!...

— Dame! je sommes habituée à dormir et à me coucher, moi! J'tomberions malade si je ne dormions pas...

— Fi donc! petite, dit Paolina, vous ignorez que trop de sommeil abrutit.

— Oh! ça m'est égal.

— Elle a besoin d'être dégourdie, cette petite.

— Nous en ferons un tambour, dit Cézarine. Il y a toujours ici un tambour, n'est-ce pas, Lundi-Gras?

— Oui, ma capitaine, un tambour, et deux chevaux : celui que vous aimiez tant à monter autrefois, et puis un petit poney qui va comme le vent!

— Parfait!... Elvina, demain tu essayeras le petit poney... Lundi-Gras, tu sais battre la caisse?...

— Que je m'en flatte!...

— Tu apprendras à Nanon; quand nous aurons quelque proclamation à faire dans le village, c'est elle qui la fera... Elle a une voix criarde... c'est ce qu'il faut.

— Quoi? madame, vous voulez faire de moi un tambour... Ah! par exemple!...

— Taisez-vous, petite, et habituez-vous à obéir sans répliquer... La subordination, voilà ce que nous allons commencer par établir ici, n'est-ce pas, mesdames?

— Oui, oui, la subordination!...

— Il faut que tout le monde obéisse...

— Et que tout le monde soit libre!

— Ah! permettez, mesdames, il faudra régler cela... Au reste, nous ferons un acte de société...

— Une charte!

— Il n'est pas question de charte!... qu'elle est bête, cette Olympiade!...

— Ah! Cézarine, je n'aime pas ces mots-là, je vous en préviens!

— Eh! mon Dieu! je vous dis cela en riant!... mais à propos de quoi venez-vous nous parler d'une charte?... Nous voulons former une tribu, la tribu des indépendantes...

— Nous en sommes le noyau... dit Paolina.

— Va pour noyau!... Enfin notre but est de prendre dans la société le rang que les hommes y ont usurpé, n'est-ce pas vrai?

— Oui, oui.

— Nous reprendrons tout, dit madame Flambart, nous sommes capables de tout!...

— Tout! c'est peut-être beaucoup, mesdames.

— Non, non! s'écrie la veuve, je m'engage, moi, à faire tout ce que les hommes font... et dès demain il faudra tambouriner dans le pays qu'on trouve au château du capitaine de Vabeaupont des femmes qui font tout ce qu'elles veulent.

— Voilà une rédaction bien mauvaise; si on tambourinait cela, que penserait-on de nous?...

— J'ai voulu dire qui sont capables de tenir les mêmes emplois que les hommes...

— Ma chère amie, avant de rien tambouriner, il faut que nous ayons fait un pacte, article par article...

— C'est cela même.

— Ah! Dieu! que j'ai mal à la tête! dit madame Vespuce.

— Et que nous jurions de nous y conformer.

— Madame Pantalon oublie qu'il a été convenu que nous ne jurerions pas !

— Ah ! c'est vrai... Au reste, avant de délibérer, il faut que nous soyons toutes réunies...

— Nous ne sommes pas en nombre...

— Alors ! allons nous coucher...

— Ah, oui ! allons nous coucher.

Le lendemain, deux grands chars-à-bancs amènent chez M. de Vabeaupont madame Dutonneau, madame Grassouillet, madame Boulard et six autres jeunes femmes qui veulent aussi s'enrôler dans les indépendantes et ont pris leur volée, avec le consentement ou sans le consentement de leur mari.

Il y a aussi parmi elles quelques demoiselles majeures, et de ces dames qui ne sont mariées que de la main gauche.

Madame Boulard a un chignon, et un chignon sur lequel un enfant peut se tenir à cheval. Il provoque de nombreux chuchotements parmi les premières arrivées, qui se disent :

— Elle a bien fait les choses !

— Elle a voulu prouver qu'elle tenait à cet ornement.

— Mais comment a-t-elle pu se décider à quitter son mari, qui l'adorait ? disait-elle.

— C'est qu'il ne l'adorait plus depuis son accident au bal. Il paraît que jusque-là il ne s'était pas aperçu que sa femme avait de faux cheveux.

— C'est bien étonnant.

— Quand il l'a su, il lui a défendu d'en porter. De là querelles, disputes, rupture !...

— Et maintenant madame Boulard se dédommage... elle se donne du chignon.

M. Fouillac accompagne les dernières venues.

Il va saluer Cézarine en lui disant :

— Depuis longtemps votre oncle le capitaine m'avait engagé à venir à son château. Je ne m'étais pas empressé de m'y rendre, parce que je savais que je n'y trouverais pas ce sexe qui fait le charme de notre existence et auquel j'ai consacré la mienne. Mais aujourd'hui c'est bien différent ! les dames affluent ici !... alors je me suis permis d'y accourir aussi.

— Vous avez fort bien fait. Nous vous savons de nos amis, monsieur Fouillac ; nous comptons même sur vous dans le cas où nous aurions quelques commissions pour Paris...

— Je serai entièrement à vos ordres...

— Il y a ici deux bons chevaux ; vous en prendriez un pour aller jusqu'au chemin de fer... Vous savez monter à cheval ?

— Oui, oh ! pour ce qui est de monter !... je sais monter ! mais je ne sais pas m'y tenir ; je suis trop léger, je tombe tout de suite.

— Alors, on mettra un cheval au vieux cabriolet de mon oncle...

— Ne vous inquiétez pas de moi... je saurai bien arriver...

Cézarine présente à son oncle les nouvelles venues ; puis, pendant que celles-ci s'installent à tous les étages du château, elle dit à Elvina :

— Maintenant, je vais aller embrasser ma fille, ma petite Georgette. Viens-tu avec moi ?

— Oh ! oui, ma sœur, avec plaisir, nous irons à pied.

— Non pas vraiment ! c'est tout à fait de l'autre côté du village ; mais nous allons prendre les deux chevaux... et au galop ! en dix minutes nous serons chez la nourrice. Ohé ! Lundi-Gras !...

— Voilà, ma capitaine !

— Selle les deux chevaux pour ma sœur et moi.

— Tout de suite, ma capitaine.

— Pourquoi donc Lundi-Gras t'appelle-t-il ma capitaine ?

— Parce que, toute petite, j'avais l'habitude de le commander, et qu'il m'a toujours obéi comme il obéit à mon oncle.

Cézarine et Elvina sont parties à cheval.

Madame Pantalon monte parfaitement ; elle se tient comme le meilleur écuyer ; elle ne redoute rien, et franchit les fossés, les haies avec une adresse admirable. La jeune fille n'a pas son aplomb, ni sa hardiesse ; elle se tient bien et fait manœuvrer son cheval avec grâce, mais elle ne saute ni les fossés ni les haies, quoique sa belle-sœur lui crie :

— Allons donc ! fais comme moi !... franchis les obstacles... saute, mordieu !...

Mais Elvina n'écoute pas Cézarine, et elle fait bien, car, en franchissant avec son cheval une haie assez haute, la belle écuyère n'a pas vu un petit paysan assis derrière et occupé à étendre du fromage mou sur du pain.

Heureusement le cheval ne retombe pas sur lui, ses pieds ne font que le frôler en le couvrant de terre ; mais le gamin a eu si peur qu'il pousse des cris horribles en disant qu'on l'a écrasé.

Cézarine a mis pied à terre. Quelques villageois accourent. Le petit paysan crie, en montrant son fromage blanc couvert de terre.

— Où es-tu blessé ? lui dit-on.

— Je ne sais pas... mais, voyez-vous... elle m'a gâté tout mon fromage...

— Enfin le cheval t'a-t-il touché ?

— Je ne sais pas... mais mon fromage est plein de terre... C'était mon déjeuner.

— Tu n'es donc pas blessé ?...

— C'est mon fromage... mais moi j'ai bien manqué de recevoir le cheval sur le dos !...

Cézarine donne cent sous au petit garçon pour s'acheter d'autre fromage, et tous les villageois s'écrient :

— A-t-il de la chance, ce gringalet !... de s'être trouvé là... presque sous le cheval ! et d'avoir cent sous pour ça !...

Madame Pantalon remonte sur son coursier qu'elle veut bien mener un peu moins vite maintenant, car Elvina lui dit :

— Ah ! ma sœur, voyez donc quel malheur vous auriez fait si ce petit garçon s'était trouvé un peu plus à gauche !... je vous jure bien que je ne sauterai jamais les haies, moi !

— Tu as raison ; je me contenterai des fossés.

Mais aussi, qui diable va deviner qu'il y a un petit garçon assis derrière cette haie !...

— Ma sœur, dans la campagne vous savez bien qu'il faut toujours se méfier... Tous ces accidents qui arrivent à la chasse ne sont causés que par des imprudences !... Ah ! si je chassais, moi !...

— Tu irais visiter tous les fourrés avant de tirer dedans. Je ne crois pas que tu rapporterais beaucoup de gibier.

— J'aimerais mieux cela que d'avoir à me reprocher la mort de quelqu'un.

On arrive chez la nourrice. La petite Georgette, qui a un an, se porte bien ; elle est fort gentille.

— Elle ressemble à mon frère, dit Elvina.

— J'espère bien que non, dit Cézarine.

— Mais mon frère est fort bien.

— C'est possible ; mais je ne tiens pas à ce que ma fille lui ressemble.

— Parce que tu es fâchée avec lui maintenant, mais cela ne durera pas toujours...

— Ma chère amie, si j'ai quitté mon mari, c'est pour ne plus en entendre parler. Pas un mot de plus sur ce sujet, et retournons au château.

On y attendait Cézarine avec impatience, car toutes les indépendantes étaient réunies, et, ayant reconnu madame Pantalon pour leur chef, elles voulaient que celle-ci réglât l'emploi de leur temps au château. Mais le dîner est servi, le capitaine a fait entendre son porte-voix en criant :

— A table ! il est cinq heures et toutes les affaires sont remises au soir.

Après le dîner, dans lequel la veuve Flambart se donne une petite pointe, toujours pour montrer qu'elle sait en faire autant que les hommes, madame Pantalon se lève en disant :

— Mesdames, je réclame un moment de silence, car je vais traiter un sujet fort intéressant!...

Le silence n'était pas chose facile à obtenir dans une réunion qui se composait de quinze femmes et de deux hommes, car le capitaine et Fouillac étaient admis à la conférence. Cependant on tâche d'obéir, et l'on n'entend plus que de légers chuchotements.

— Mesdames... ou plutôt braves indépendantes! j'aime mieux cela; d'ailleurs, c'est le nom que nous avons adopté...

— Oui, oui...

— Très-bien!

— Moi, j'aurais préféré que nous nous fussions appelées : les *progressives*, dit Paolina, car c'est vers le progrès que nous marchons...

— Ce serait prétentieux... Indépendantes, c'est plus franc.

— Moi, dit madame Grassouillet, je proposerais de nous appeler les émancipées...

— Pas mauvais, dit le capitaine en riant, les émancipées!... Ce nom-là vous convenait!

— Non, mon oncle, émancipées, c'est bon pour des jeunes filles; mais nous autres, nous sommes des femmes. Il ne faut pas qu'on nous prenne pour des écolières!...

— Moi, dit madame Flambart d'une voix pâteuse, j'aurais voulu... à cause du caractère que nous allons revêtir... et pour en imposer à ces messieurs... d'ailleurs ça rappelle les temps antiques...

— Enfin, qu'est-ce que vous auriez voulu?

— J'aurais voulu... d'ailleurs, nous en avons les sentiments... et ça nous fait honneur...

— Achevez donc, de grâce!

— J'aurais voulu qu'on nous appelât les *Romaines*!...

— Ma chère amie, dit Cézarine, comme les paysans ne sont pas très-instruits, quand on leur aurait parlé des Romaines, ils auraient cru qu'il s'agissait de salade!... D'ailleurs le nom d'indépendantes avait été adopté, si vous revenez sans cesse sur ce que nous avons fait, nous n'arriverons à rien...

— Madame Pantalon a raison.

— Nous sommes les indépendantes...

— Puisque l'incident est... vidé... je n'aime pas ce mot-là... mais ça se dit cependant...

— Il est parlementaire...

— Va donc pour *vidé*!... J'arrive à ce que je voulais vous proposer : ne pensez-vous pas que si nous voulons nous livrer à quelque exercice... sortir ensemble... nous montrer réunies dans le pays, nous ne ferions pas mal d'avoir un uniforme?...

— Oh! oui, oui!

— Certainement, un uniforme!

— Et quand nous serons ensemble...

— On vous prendra pour la garde nationale du pays! dit Fouillac.

— Mon oncle, y a-t-il une garde nationale dans le village?

— Non, ma nièce.

— Alors il y a donc des gendarmes?

— Non, ma nièce.

— Des sergents de ville?

— Aucun.

— Qu'est-ce donc qui garde les habitants?

— Les habitants se gardent eux-mêmes.

— Et s'il vient des voleurs, qui donc les arrête?

— Le garde champêtre.

— Tout seul?

— Il se fait aider par le maire, l'adjoint, les conseillers municipaux,... voilà les autorités. Mais les voleurs ne travaillent guère dans les villages, et s'ils s'adressaient ici, par la Sainte-Barbe, ils seraient drôlement reçus!... C'est égal, je

crois que les habitants ne seraient pas fâchés d'avoir une jolie garde nationale de femmes.

— Si ça ne leur fait pas de bien, ça ne peut pas leur faire du mal.

— Cézarine, revenons donc à l'uniforme!...

— Oui... parlons de l'uniforme!...

— Indépendantes, voici ce que je propose... Il ne faut pas que ce soit trop clinquant, mais il faut que ce soit gentil...

— Oh! gentil, c'est l'essentiel...

— Et de bon goût!

— Et que cela nous aille bien!

— Ah! ceci dépendra de nos couturières.

— Voyons, que proposez-vous?

— Une jupe blanche rayée de bleu, une basquine... ce que les hommes appellent un veston, en drap léger, bleu, liséré de rouge et parements rouges. Un seul rang de boutons de métal blanc; que cela se boutonne tout du long sur la poitrine; petite cravate noire, une ceinture en cuivre, des petites guêtres blanches sur les bottines... Enfin, pour coiffure, une casquette carrée avec visière, aigrette en argent et un gland qui retombe sur le côté... Eh bien, que dites-vous de cela?

Les dames se regardent; aucune n'a l'air satisfait.

— Je n'aime pas la jupe blanche à raies bleues, dit madame Dutonneau; le blanc grossit...

— Pourquoi pas une jupe orange?... C'est si joli, l'orange! dit Paolina.

— L'orange ne me va pas, à moi; j'aime mieux blanc tout uni.

— Moi, je déteste les guêtres, cela chausse mal.

— Pourquoi le veston ne serait-il pas vert? C'est moins commun que le bleu.

— Un seul rang de boutons, ce n'est pas assez... j'en voudrais quatre.

— Vous auriez l'air d'un toréador!...

— Une casquette pour coiffure, ce n'est pas gracieux, dit madame Vespuce.

— Et que voulez-vous donc mettre alors?

— J'aimerais mieux un bonnet de police.

— Moi je voudrais un bonnet à poil, dit madame Flambard.

— Avec un plumet peut-être?

— Non, mais avec une aigrette.

Toutes ces dames parlent à la fois, et comme il s'agit de toilette, il n'y a plus moyen de les faire taire.

Déjà Cézarine a en vain réclamé le silence; n'ayant pas de sonnette, elle s'empare alors du porte-voix de son oncle.

Au bruit qu'il produit en criant dans le porte-voix, les dames sont bien forcées de se taire, car elles ne s'entendent plus parler.

— Indépendantes! dit Cézarine, vous m'avez reconnue pour votre commandante; je vous propose un uniforme qui sera très-convenable, et que d'ailleurs vous ne mettrez que dans les grandes réunions; si, au lieu de l'adopter, vous proposez chacune un costume suivant votre goût, ce sera fort mal inaugurer notre installation, et nous ne ferons jamais rien de stable.

— Madame Pantalon a raison, dit la veuve Flambart, nous devons nous soumettre à ses décisions. Moi, je déclare que je me ferai faire l'uniforme tel qu'elle nous l'a proposé!

— Moi aussi...

— Moi aussi... sauf quelques légères modifications de peu d'importance...

— C'est cela... sauf quelques petits riens dans la façon...

— C'est entendu!

— Nous adoptons.

— Allons, mesdames, écrivez dès ce soir à vos couturières de Paris; donnez-leur vos ordres, et M. Fouillac aura la bonté de partir demain matin pour Paris avec vos lettres.

— Oui, belle volontaire. Non-seulement je porterai vos lettres, mais je verrai vos couturières; je les presserai pour qu'elles fassent sur-le-champ vos commandes, et, si vous le désirez, je me chargerai moi-même de rapporter vos uniformes.

— Oh! vous serez charmant!... et nos coiffures..

— Et vos casquettes...

— Nous détaillerons dans nos lettres comment nous voulons qu'elles soient...

— C'est entendu, vous aurez tout... je ferai le diable à quatre chez les couturières, les modistes, les chapeliers, pour que vous ayez tout cette semaine.

Les dames rentrent chez elles pour écrire à leurs couturières. Le lendemain matin, Fouillac se charge des épîtres et part pour Paris

Le garde-champêtre.

En attendant le retour de leur messager, madame Pantalon, qui ne veut pas rester inactive, propose de faire tambouriner dans le village que, pour les travaux, arts, professions, pour lesquels on avait l'habitude de s'adresser aux hommes, on peut s'adresser au château, où les dames indépendantes se chargent *gratuitement* de faire ce que l'on réclamait de ces messieurs.

Cette motion est adoptée à la majorité de quelques voix. Madame Vespuce s'écrie :

— Mais il me semble que vous vous avancez beaucoup! car on peut certainement vous requérir pour des choses que nous ne savons pas.

— Ma chère amie, répond Cézarine, quand on fonde une société... une institution... une entreprise quelconque, il ne faut jamais avoir l'air de douter de rien; on promet beaucoup, sauf à tenir ce qu'on peut. D'ailleurs, est-ce que, parmi nous, il ne s'en trouvera toujours pas une qui saura ce que les autres ignorent? Moi, je connais mon Code; j'ai étudié Cujas et Barthole... Je ne serais pas embarrassée pour plaider!... Paolina est très-versée dans la littérature; madame Flambart a étudié la chimie; Olympiade, la médecine; madame Dutonneau est forte comme un hercule, elle porterait trois enfants sur sa tête... et une table avec.

— Et une table avec! ah! je voudrais voir cela...

— Eh bien, mesdames, un de ces soirs je vous donnerai ce spectacle; nous ferons une séance de gymnastique, et je veux vous *tomber* toutes...

— Nous tomber? C'est nous faire tomber que vous voulez dire, sans doute?

— Non, j'emploie le terme consacré par le boxeur; quand il est vainqueur, c'est qu'il a tombé son adversaire.

— Pardon, je ne connaissais pas cette langue...

— Moi, je sais jouer au billard, dit madame Grassouillet...

— Moi, je suis musicienne...

— Moi, j'avais un père architecte... je saurais faire bâtir une maison...

— Quand je vous dis, mesdames, que nous sommes en état de répondre à tout?... Holà! Lundi-Gras! où est-il, ce vieux mousse? Aglaé, va me chercher Lundi-Gras et Nanon.

La jeune femme de chambre trouve Lundi-Gras à la cave et Nanon à l'office : la fille du jardinier avait continuellement la bouche pleine; n'importe à quelle heure on la prenait, elle était en train de manger. Lundi-Gras n'était pas toujours en train de boire; mais sa figure constamment enluminée, annonçait qu'il ne s'en faisait pas faute.

L'ancien mousse et la petite servante se présentent devant Cézarine, Lundi-Gras lui fait le salut militaire, et Nanon s'efforce d'avaler en une fois la moitié d'un œuf dur qui lui servait de cure-dent.

— As-tu exécuté mes ordres? dit Cézarine au matelot; as-tu appris à cette petite à battre la caisse?

— La caisse? ma capitaine... quelle caisse?

— Du tambour, imbécile!

— Oh! du tambour... oh! oui, ma capitaine, j'ai déjà donné des leçons à cette jeunesse... elle ne va pas trop mal, mais pas trop bien...

— N'importe... Nanon, tu vas prendre le tambour et aller faire une proclamation sur la place du village.

— Moi, madame?

— Toi-même... tu feras d'abord un roulement... tu sais faire un roulement?

— Pardi? je ne sais que ça!.. Et qu'est-ce que je proclamerai?

— Tu sais lire?

— Oh! oui, madame... je lis couramment *Barbe-Bleue* et *le Petit-Poucet*...

— Eh bien, lis ce que j'ai écrit sur ce papier... tâche de le savoir par cœur, ce n'est pas long, et tu crieras ce qui est là-dessus; si tu ne veux pas le retenir de mémoire, tu le liras après ton roulement.

— Oui, madame... Ah! mais, j'y songe! ça ne se peut pas, madame!...

— Comment! qu'est-ce qui ne se peut pas?

— Il n'y a que le garde champêtre qui ait le droit de *jousser* du tambour dans le village et d'annoncer queuque chose! Si je tambourine, moi, Farineux me fera arrêter...

— Fais ce que je t'ordonne, et si le garde champêtre te dit quelque chose, envoie-le promener!... Est-ce que mon oncle n'est pas le seigneur du village?... Il doit avoir le droit de nommer le garde champêtre! Eh bien, nous destituons celui qui est en fonctions et je te donne sa place...

— Moi, madame, vous me faites garde champêtre?

— Oui, Nanon.

— Mais je ne suis pas un homme!

— Mais c'est justement pour cela. Nous allons occuper les emplois des hommes!

— Oh! c'est différent, madame. Alors je vas tambouriner! je vas proclamer!... je vas faire du roulement. Ah! c'est Farineux qui va être enfoncé!

Nanon est enchantée d'être garde champêtre. Elle lit et relit le papier qu'on lui a donné, et lorsqu'elle se croit certaine de le savoir par cœur, elle se fait une ceinture, y attache le tambour, enfonce les baguettes dans son corset et se rend sur la place du village en criant :

— Je suis garde champêtre... C'est pas Farineux, c'est moi qui le remplace... et je vais battre le tambour et vous annoncer quelque chose de bien intéressant; ouvrez tous vos oreilles!

Les paroles de la petite jardinière, le tambour qu'elle porte à son côté, tout cela attire déjà l'attention des paysans; quand elle fait son roulement de tambour, les habitants accourent de tous côtés, en s'écriant :

— Tiens! Nanon qui bat la caisse... Oh! la bonne farce!.. Nanon qui s'est enrôlée dans les tambours...

— Taisez-vous donc, vous autres!... et attention! je vas vous proclamer... Hum! hum!... attendez... faut que je me rappelle!... bon! m'y v'là...

« On fait à savoir... (oui, ça commence toujours comme ça... On fait à savoir aux habitants de l'endroit que maintenant les hommes sont les femmes... non, c'est pas ça!... que les femmes sont les hommes... et que si vous avez besoin de n'importe quoi... comme qui dirait d'une chose ou d'une autre... on vous donnera gratis un coup de main au château, et on se charge d'entreprendre... non, c'est pas ça... ah! si, on entreprendra gratis... ou... »

Nanon ne peut pas continuer; une main vigoureuse vient de la prendre par l'oreille.

C'est Farineux, le garde champêtre, qui est arrivé et la pince fortement, en lui disant :

— Quoi que tu fais donc là, Nanon Flanquet, avec ce tambour à ton côté ?... Quoi que tu leur-z-y dis, à tous ?...

— Ah ! père Farineux, lâchez mon oreille, ne pincez donc pas comme ça... je suis en train de faire une proclamation.

— Une proclamation !... par exemple, je voudrais bien voir... Il n'y en a pas d'autre que moi qui ait le droit de faire des proclamations à Brétigny, entends-tu, petiote, vu que c'est moi qui suis le garde champêtre.

— Ah ! c'est-à-dire que vous l'étiez, père Farineux, mais vous ne l'êtes plus !... C'est moi qui vous remplace... c'est à moi qu'on a donné votre place !... Ah ! ah ! ça vous étonne... et moi aussi, mais c'est pourtant comme ça.

Tous les villageois se mettent à rire ; on entend de tous côtés :

— Ah ! Nanon qui est garde champêtre...

— Ah ! en v'là une bonne !...

— T'as donc changé de sesque, Nanon ?...

— T'es donc pas une fille ?...

— Si, si, je suis toujours une fille ; mais ça n'empêche pas que ceux du château vous soigneront gratis, et que madame Pantalon m'a nommée garde champêtre à la place de Farineux.

— Ah ! madame Pantalon !

— En v'là un nom !...

— C'est celle-là qui doit être une luronne !...

— C'est la dame qui a manqué d'écraser le petit Badon avec son cheval...

— Oui, c'est la nièce du capitaine, et elle m'a faite garde champêtre.

— Elle t'a faite garde champêtre, et de quel droit qu'elle a fait cela, ta madame Pantalon ?...

— Ah ! ma foi, j'sais pas... Elles sont comme ça au château une société de femelles qui croient que le monde est à l'envers, et qu'elles veulent le remettre à l'endroit !...

— Voyez-vous cela ! Ah ! le monde est à l'envers !... C'est de la politique, ça !...

Eh bien, viens un peu avec moi chez M. le maire, Nanon, et nous allons voir s'il veut de toi pour garde champêtre !

Nanon ne se soucie pas beaucoup d'aller chez le maire ; mais Farineux ne la lâche pas, il n'y a pas moyen de résister.

Le maire est un ancien laboureur, qui cultive encore ses champs ; c'est un homme d'une soixantaine d'années ; porteur d'une bonne figure, et dont le regard ne manque pas de finesse ; il a un grand bon sens, ce qui est le plus précieux pour une autorité.

— Monsieur le maire, dit le garde champêtre en poussant la jeune fille devant lui, je vous amène la fille à Flanquet, le jardinier du château ; je crois bien qu'elle a reçu un coup de marteau ou qu'elle est somnambulaire ; elle a un tambour, comme vous voyez ; elle est venue faire une proclamation... pour dire... des bêtises ! Enfin elle prétend qu'on lui a donné ma place.

Le maire considère Nanon et ne peut s'empêcher de sourire, en lui disant :

— Est-ce vrai, tout cela, petite ? Comment ! tu veux remplacer Farineux ?

— Dame ! pourquoi pas, monsieur le maire ?

— Quoi ! tu veux être garde champêtre ?... Et qui a pu te donner de ces idées-là ?... Voyons, Nanon, réfléchis un peu. Si encore tu étais un garçon, on pourrait comprendre que tu aspires à l'emploi de garde champêtre... mais une jeunesse !... tu as fait un mauvais rêve, mon enfant, et tu n'es pas encore bien éveillée...

— Oh ! que si fait, monsieur le maire, je ne rêve pas du tout... D'ailleurs, moi, j'y pensais pas ; c'est madame Pantalon, la nièce de notre maître, qui m'a dit : « Va tambouriner dans le village !... que c'est à sur ce papier-là. » Je lui ai répondu : « C'est le garde champêtre qui tambourine !... » Alors elle a dit : « Je le dégomme... c'est-à-dire que je te donne sa place ?... »

— Elle n'a pas le droit de me dégommer... n'est-ce pas, monsieur le maire ?

— Non, sans doute ; ceci ne peut être qu'une plaisanterie...

— J'aime pas ces plaisanteries-là... je vas arrêter Nanon, n'est-ce pas, monsieur le maire ?

— Une minute, Farineux, n'allons pas si vite. Avant d'arrêter cette petite, il vaudrait mieux avoir une explication avec cette dame Pantalon, la nièce de M. de Vabeaupont. Tu vas aller au château, Farineux ; tu demanderas à cette dame ce qu'elle veut faire de Nanon... pourquoi elle la laisse sortir avec un tambour... car enfin, tu étais servante au château, petite. Est-ce qu'on t'a mise à la porte ?

— Pas du tout, monsieur le maire, bien au contraire, on m'a élevée en grade, puisqu'on m'a faite garde champêtre...

— Elle n'en veut pas démordre... c'est une mule que cette fille-là !

— Va donc au château, Farineux, tu ne pourras t'expliquer qu'avec la nièce du vieux capitaine.

— La voilà, la nièce du capitaine !... que lui voulez-vous ?... Je suis prête à vous répondre !...

C'est Cézarine qui vient de repousser les paysans pour arriver jusqu'au maire. Curieuse de connaître les résultats de la proclamation, de voir l'effet que cela avait produit sur les habitants du village, elle avait quitté le château peu de temps après la fille du jardinier et, ne trouvant plus personne sur la place, avait appris d'une vieille femme que l'on avait emmené la tambourineuse chez le maire.

L'arrivée inattendue de la nièce du capitaine fait sensation dans la mairie, d'autant plus que cette dame se présente d'un ton arrogant, tenant sa cravache à la main et paraissant fort irritée.

Mais Nanon pousse un cri de joie et court à Cézarine en s'écriant :

— Ah ! madame, vous faites bien d'arriver... ils ne veulent pas que je sois garde champêtre, et Farineux voulait me mettre en prison.

— Cette fille dit-elle vrai, monsieur ? Et de quel droit arrête-t-on mes gens ?...

— Et de quel droit qu'elle veut prendre ma place ?...

— Taisez-vous, Farineux, laissez-moi parler à madame... mais, d'abord, madame, donnez-vous la peine de vous asseoir...

— C'est inutile, monsieur, j'ai hâte d'en finir... vous êtes le maire de Brétigny ?

— Oui, madame, réplique le maire à Cézarine, et, comme principale autorité du pays, je vous demande ce que signifie cette plaisanterie, car je pense que ce n'est pas sérieusement que vous avez nommé cette jeune fille garde champêtre ?

— Et pourquoi ne serait-ce pas sérieusement, monsieur ?...

— Parce que c'est à un homme que revient cet emploi.

— Moi et mes amies, avec l'autorisation de mon oncle, nous changeons tout cela. Nous avons assez d'instruction, de talent, de force, de courage pour remplir les emplois que l'on donnait aux hommes.

— Madame, je ne doute pas de vos talents ni de votre science... vous pouvez chez M. de Vabeaupont faire tout ce qui vous convient... prendre des femmes pour en faire des cochers ou des palefreniers... cela vous regarde ; mais vous n'avez pas le droit de renvoyer un garde-champêtre ni d'en nommer un autre.

— Pas le droit ! est-ce que mon oncle n'est pas le seigneur de ce village ?

— Mon Dieu, madame, puisque vous avez tant d'instruction, vous devez savoir qu'il n'y a plus de seigneur dans un village ; il y a des propriétaires ; il y en a de fort riches, qui font du bien aux pauvres du pays quand ils sont charitables ; mais ils ne nomment pas pour cela les gardes champêtres... Il y a dans les villes des préfets... ensuite des sous-préfets... et dans les petites communes il y a le maire, son adjoint, les membres du conseil municipal ; ce sont ceux-là, madame, qui nomment aux emplois vacants.

J'ai trois dents qui se gâtent. Ma joue est enflée et puis ça sent très-mauvais... (Page 46.)

Cézarine se mord les lèvres, elle se sent battue par l'autorité villageoise; mais elle réplique bientôt :

— Comment! monsieur, mon oncle a beaucoup de propriétés dans ce pays : des champs, des vignes, des prairies!... et il ne pourra pas les faire garder par qui bon lui semble, pour empêcher qu'on ne lui mange son raisin ou que l'on ne lui vole ses légumes, ses fruits ?

— Oh! pardonnez-moi, madame; monsieur votre oncle peut, si cela lui est agréable, envoyer tous ses domestiques surveiller ses propriétés, mais cela n'empêchera pas Farineux, le garde champêtre, d'y avoir l'œil aussi.

— Oui, oui, que j'y aurai l'œil !... Et si madame veut que je fasse ses proclamations, je les ferai autrement que Nanon, qui ne dit que des bêtises !... Mais comme j'ai crevé mon tambour, si madame le veut, Nanon viendra avec le sien pour m'accompagner...

Cézarine ne répond pas au garde champêtre, et dit au maire :

— Monsieur, est-il aussi défendu de battre du tambour dans le village? Moi et mes amies, nous nous sommes fait faire un uniforme...

— Est-ce que madame veut être de la garde nationale ?...

— Pas encore, monsieur, mais nous verrons plus tard ; en attendant, quand nous sortirons en corps, un tambour à notre tête ferait bien.

— Si ce n'est pas pour empiéter sur le droit du garde champêtre, mais pour vous amuser, madame, faites battre la caisse... on croira qu'il y a des saltimbanques dans le village, voilà tout...

Madame Pantalon se mord encore les lèvres; elle salue le maire, fait signe à Nanon de la suivre et se hâte de retourner au château.

Nanon suit sa maîtresse en disant :

— Est-il drôle, ce maire, de vouloir qu'à présent il n'y ait plus de seigneurs !... Alors pourquoi donc qu'on chante : Ah! *vous avez des droits superbes, Comme seigneur de ce canton!...*

Et, pas plus tard qu'hier, j'ai encore entendu mam'zelle Elvina qui roucoulait ça sur son piano.

Quelques jours s'écoulent, on attend avec impatience le retour de Fouillac. Pour passer le temps, on fait l'exercice; Lundi-Gras donne à ces dames des leçons d'escrime et leur apprend à tirer le pistolet, à se servir d'une épée; il veut même leur montrer à manier une hache d'abordage. Mais cette arme est refusée par les indépendantes, qui n'ont pas encore l'intention de se mettre dans la marine.

Enfin, une lettre de Fouillac annonce son retour pour le lendemain avec tous les uniformes.

Il engage Cézarine à envoyer à Noyon la vieille calèche du capitaine pour prendre au chemin de fer les nombreux paquets à l'adresse des dames qui sont au château.

La réunion féminine pousse des cris de joie. On grille d'être au lendemain. Lundi-Gras partira pour Noyon avec la calèche. Il ramènera ce charmant Fouillac et les vêtements commandés.

On vote un compliment pour celui qui a si bien fait les commissions de ces dames. Paolina se charge de lui faire des vers; madame Dutonneau a proposé de l'embrasser, mais cette proposition a été repoussée à la majorité. Les égratignures ont il porte les marques lui font beaucoup de tort.

Le jour est venu, la calèche est partie.

Toutes ces dames se sont levées de grand matin, quoiqu'on n'attende Fouillac que vers les midi.

On déjeune vite.

En vain le capitaine dit à ses hôtes :

— Triples sabords ! mesdames, donnez-vous donc le temps de manger ! Vos uniformes n'arriveront pas plus tôt parce que vous avalerez de travers.

— Ah! capitaine, c'est que nous sommes si curieuses de les voir !...

— De les mettre surtout !

— Nous les mettrons tout de suite, dès qu'ils arriveront...

— Et puis nous viendrons toutes avec devant le capitaine, qui nous passera en revue.

Qu'on ne te revoie plus, ou ton bâton servira à te rosser... (Page 54.)

— Et je vous donnerai à chacun une jolie carabine que j'ai fait acheter pour vous les offrir.

— Ah! merci, capitaine...

— Et des sabres?

— Nous verrons plus tard! Vous n'allez pas faire la guerre tout de suite!...

Nanon était placée en vedette sur la route pour guetter l'arrivée de la voiture; le capitaine a consenti à lui prêter son porte-voix, dans lequel elle doit crier : Ce sont eux! Cézarine voulait qu'elle tirât un coup de fusil, mais la jeune fille s'y est refusé; elle a pris le porte-voix.

Au moment où elle aperçoit la calèche, au lieu de crier : C'est eux! comme on le lui a ordonné, Nanon, qui pense toujours à son régal favori, se met à hurler : Seize œufs! mais cela passe inaperçu, excepté par un paysan qui se trouve alors sur la route et s'écrie :

— Bigre! quelle omelette!

Toutes les dames accourent pour recevoir la voiture. Elle arrive enfin, portant les colis, et Fouillac, qui est accablé de remerciements, de poignées de mains; puis madame Étoilé s'avance et s'apprête à lui lire ses vers; mais les dames se sont jetées sur les paquets, chacune s'empare de celui qui est à son adresse et se sauve en disant :

— Allons nous habiller!

— Vous direz votre compliment tantôt!...

— Oui, oui, allons nous habiller!

Paolina se décide à faire comme les autres, tout en murmurant :

— Hum! la parure... la coquetterie... je sais que ce costume m'ira très-bien...

Fouillac, qui ne tenait pas à entendre les vers de madame Étoilé, va tenir compagnie au capitaine, qui est encore à table. Au bout d'une heure, car ces dames ont bien mis ce temps-là à leur toilette, un grand bruit de voix annonce leur venue; elles arrivent toutes, empressées de se faire voir au capitaine, qui les fait mettre sur le même rang devant lui, puis part d'un éclat de rire en s'écriant :

— Ah! c'est comme cela que vous avez un uniforme!... je vous en fais mon compliment!

En effet, pas deux de ces dames n'étaient habillées de même. Les jupes, d'abord, variaient de couleurs ou de dessins; les basquines étaient bleues, mais sur l'une il y avait de la passementerie à profusion, sur l'autre il n'y avait qu'un liséré; celle-là avait quatre rangs de boutons, celle-ci n'en avait qu'un; l'une les avait fait mettre dorés, l'autre en argent. Les coiffures ne se ressemblaient pas davantage : il y avait des casquettes rondes, carrées; des bonnets de police ou à poil, ou en petit-gris avec plume, ou aigrette, ou torsade, ou flot; enfin les costumes étaient fort gentils, mais ce n'était pas uniforme.

Comme d'abord chacune de ces dames ne s'était occupée qu'à se regarder, c'est seulement lorsqu'elles sont rassemblées qu'elles s'aperçoivent du peu de ressemblance qui existe dans leur nouveau costume.

Alors Cézarine fronce les sourcils et s'écrie :

— Sapristi, mesdames! c'est donc ainsi que vous avez suivi mes instructions?

Madame Grassouillet répond alors d'un petit ton très-décidé :

— Vous avez proclamé que nous étions indépendantes!... Pourquoi donc ne ferions-nous pas ce qui nous plaît?...

— Madame a raison, dit le capitaine. C'est absolument comme ces gens qui ne parlent que de liberté, et qui veulent vous forcer à être de leur opinion.

XII

Les gros ouvrages.

Laissons un peu les femmes pour revenir aux maris... les pauvres maris!... Qu'est-ce que je dis donc? j'allais les plaindre, mais ils ne sont pas à plaindre du tout : Adolphe peut plaider sans que sa femme se mêle de ses causes, de ses plaidoyers ; M. Étoilé n'est plus obligé d'entendre les vers de sa muse... ce qui ne l'amusait pas du tout ; M. Bouchetrou a le loisir de se faire vacciner et de s'habiller à sa fantaisie ; M. Vespuce peut mener promener sa chemisière ; M. Grassouillet n'est plus témoin des coquetteries d'Armandine ; enfin le beau Dutonneau peut régaler chez le traiteur autant de grisettes que cela lui fait plaisir ; vous voyez bien que ces maris-là ne sont pas à plaindre ; il en est probablement de même des autres, dont il est inutile de faire la nomenclature.

Pourquoi donc tant de maris se sentent-ils plus légers, plus dispos, plus disposés à s'amuser, quand ils ne sont pas avec leurs femmes, que parfois cependant ils aiment beaucoup ? N'est-ce pas un peu la faute de ces dames, qui font trop le rôle de précepteur et grondent leur mari, comme celui-ci gronde les écoliers qui ne sont pas sages et ne savent pas bien leurs leçons ?

Il serait si facile à ces dames de ne point gronder ! Si elles riaient, si elles plaisantaient avec leurs époux, au lieu de leur montrer de l'humeur, ceux-ci n'iraient pas chercher loin d'elles des distractions et des plaisirs.

Ce que je vous dis là n'est pas neuf. Bien des auteurs l'ont dit avant moi, et ces dames ne les ont pas plus écoutés qu'elles ne m'écouteront. Ça ne fait rien, on ne saurait trop répéter les vérités.

Mais Frédéric Duvassel, qui n'a pas été surpris d'apprendre que madame Pantalon s'est séparée d'avec son mari, car, dès le premier jour de leur noce, il avait prévu que ces époux-là ne feraient pas bon ménage, Frédéric est sans cesse poursuivi par son frère, qui est toujours amoureux d'Elvina et veut absolument la revoir.

Adolphe sait que sa femme et sa sœur sont à Brétigny, chez M. de Vabeaupont ; il l'a dit à son ami. De plus, comme tous ces maris abandonnés se connaissent, ces messieurs sont au fait des projets de leurs femmes, et se demandent s'ils doivent se laisser faire ou y mettre opposition.

Frédéric, qui est admis à ces réunions de maris, leur dit :

— Voulez-vous me permettre, messieurs, de vous donner mon avis ?... car, bien que je sois garçon, je vous prie de croire que je porte le plus vif intérêt aux gens mariés... j'ai même une grande préférence pour les maris...

— Donnez-nous votre avis.

— Vos moitiés... — je trouve ce mot bien faux, car une moitié ressemble ordinairement à l'autre, et en ménage c'est tout le contraire, — n'importe, ce mot n'est consacré, passons ! — vos moitiés, — non, j'aime mieux dire vos épouses, — ont des têtes exaltées et se sont laissées aller à des idées nouvelles. Je ne crois pas qu'il faille prendre la chose sérieusement... Elles ne tarderont pas à reconnaître ce qu'il y a d'irréalisable dans leurs projets. L'essentiel est de leur en faire sentir les inconvénients, mais pour cela, il ne faut pas se moquer d'elles, il faut au contraire avoir l'air de prendre la chose au sérieux. Voulez-vous me permettre d'agir, en me promettant seulement de me seconder quand j'aurai besoin de vous ?

— Oui, oui...

— Agissez, nous vous donnons carte blanche.

— Eh bien, messieurs, je suis certain qu'avant peu les brebis reviendront au bercail.

— Ne vous pressez pas !

— Donnez-vous le temps !

— Oh ! j'agirai avec prudence. Dès demain j'irai m'établir au village de Brétigny ; je trouverai bien à me loger chez quelque paysan. C'est là que je dresserai mes batteries... et j'écrirai à Adolphe dès que j'aurai quelque chose d'intéressant à vous communiquer.

— C'est entendu !

— Mais agissez petit à petit.

— Soyez donc tranquille, je sais bien qu'il faut laisser à ces dames le temps de s'ennuyer de ne plus vous voir... ne serait-ce que pour vous faire endêver.

Le jeune Gustave saute de joie lorsque son frère lui dit :

— Nous allons demain nous rendre à Brétigny.

— Ah ! quel bonheur !... au château du capitaine..., près des dames...

— Ce serait bien adroit ! pour nous faire mal recevoir, mettre à la porte peut-être. Il faut au contraire qu'on ne se doute pas au château que nous sommes dans le village. Fais-y bien attention, Gustave, je ne t'emmène avec moi qu'à la condition que tu m'obéiras ponctuellement, que tu ne chercheras pas à voir mademoiselle Elvina avant que je te l'aie permis, enfin que tu feras tout ce que je te dirai.

— Oui, mon frère, je te le promets. Mais c'est égal, je serai près d'elle, dans le pays qu'elle habite... Ah ! je suis bien content !...

— Adolphe m'a dit que la femme de chambre de sa femme, la petite Aglaé, ne partageait pas les idées de sa maîtresse, je tâcherai de rencontrer cette jeune fille...

— Oui, mon frère, et nous la mettrons dans nos intérêts.

— Cela me regarde ! Tu te tiendras tranquille et n'iras pas te promener autour du château, sinon, je te renvoie à Paris.

Le lendemain, Frédéric arrive à Brétigny avec Gustave et son valet, nommé La Brie, garçon fort intelligent, et dont il compte se servir dans le plan qu'il a conçu.

Il n'est pas difficile au voyageur de trouver à se loger chez un habitant, surtout lorsqu'on ne se montre pas exigeant et que l'on paye sans marchander. Frédéric donne la préférence à un villageois nommé le père Matois, dont la physionomie indique qu'il n'est pas mal nommé.

A peine installé chez le paysan, dont la femme semble aimer beaucoup à bavarder, Frédéric s'informe des personnes qui habitent le château.

— Ah ! ça fait à c'te heure du drôle de monde, dit la paysanne.

— Comment l'entendez-vous ? Est-ce que le château n'appartient plus au capitaine de Vabeaupont ?

— Si fait, mais je voulais dire que sa nièce, qui est à présent madame Pantalon, vient de s'y installer avec une ribambelle de femmes qui ont fait tambouriner que, pour tout ce qu'on aurait à faire travailler dans le pays, elles s'en chargeaient et le feraient gratis.

— Eh bien, mais il me semble que cela ne doit pas vous être désagréable, cette proposition ?

— Bah ! laissez donc ; c'est pour se moquer de nous sans doute qu'elles ont fait tambouriner cela... A preuve que c'est une farce, c'est qu'elles voulaient faire de Nanon, la fille du jardinier, leur garde champêtre. Mais Farineux, qui occupe ce poste, n'a pas entendu de c't'oreille-là !... ni M. le maire non plus.

— Ils ont peut-être eu tort... j'aurais laissé aller les choses pour voir ce que cela serait devenu.

— Vraiment ! j'aurions été bien protégés contre les goupeurs par cette Nanon, qui est une gourmande et ne peut pas passer près d'une groseille sans y mettre la main. A propos, Matois, le mur de notre clos a toujours une brèche par où l'on peut entrer chez nous ; t'as donc pas été chez Giraud, le maçon, pour qu'il vienne nous boucher ça ?

— Si fait, il devait venir, il m'avait même envoyé ses outils et son plâtre ; mais ce matin il s'est donné une entorse et il ne peut plus bouger...

— Comme ça, nous ne savons pas quand nous serons bouchés ! c'est amusant !...

— Eh ! bien, père Matois, dit Frédéric, il me semble que voilà une occasion de vous assurer de la bonne volonté et du talent de ces dames du château. Allez-y demander un maçon ou plutôt une maçonne, pour réparer la brèche de votre mur... Que risquez-vous... puisque c'est gratis ? Si c'est mal fait, vous ne perdrez pas votre argent.

— Que j'aille au château demander un maçon en jupon ? Oh ! par exemple, je n'oserons jamais, monsieur, on me flanquerait à la porte tout de suite.

— Vous avez tort... je suis persuadé que, loin de vous mettre à la porte, madame Pantalon et ses adeptes seront charmées de voir que leur proclamation fait son effet.

— Ces messieurs ont raison, dit madame Matois; vas-y donc, notre homme, on ne te mangera pas... et, dame, du moment que c'est gratis, il faut en essayer.

— Ah! bien, ma fine, puisque vous me le conseillez tous... j'y vais, et tout de suite...

— Allez, père Matois; mais ne dites pas que vous avez des Parisiens logés chez vous... nous avons nos raisons pour ne pas vouloir qu'on le sache au château.

— Suffit, monsieur, du moment que c'est votre idée... et puis, je crois que je comprends... eh! eh! je vas chercher une maçonne!...

Le père Matois est parti. Les jeunes gens se placent dans une chambre dont la fenêtre donne sur la route qui conduit au château. De là ils verront si leur hôte ramène quelqu'un.

— Si Elvina allait venir! dit Gustave à son frère.

— Y penses-tu, crois-tu que cette jeune fille ait du goût pour l'état de maçon? Je suis persuadé qu'il ne viendra personne; mais je suis curieux de savoir ce qu'on aura dit au père Matois.

Lorsque le paysan se présente au château, c'est Lundi-Gras qu'il trouve dans la cour et qui lui demande ce qu'il désire.

— Monsieur le mousse, répond le père Matois (car dans le pays Lundi-Gras n'était jamais nommé autrement), vous avez ici des dames qui se chargent de tous les travaux, et gratis...

— Il y a ici un petit bataillon de femmes... Je leur montre à faire des armes et à monter à cheval... Après?

— Après, j'ai un mur à faire réparer... je viens demander une ouvrière...

— Est-ce que vous croyez que j'ai appris à mes élèves à bâtir des maisons?

— Menez-moi à madame Pantalon. Je viens à cause de sa proclamation... C'est à elle que j'ai affaire.

Lundi-Gras hausse les épaules, mais il dit au paysan :

— Suivez-moi!...

Les indépendantes étaient réunies dans une vaste salle qu'elles avaient adoptée pour y tenir leurs délibérations. Elles s'occupaient à établir les règlements de leur société et n'étaient pas encore parvenues à adopter un seul article, lorsque Lundi-Gras se présente, suivi du père Matois, et s'adresse à Cézarine :

— Ma capitaine, voilà... un habitant du village qui vous veut queque chose !...

— Parlez, brave homme. Que désirez-vous?

— Madame... pardon, excuse de la liberté... mais vous avez fait tambouriner dans le village que vous vous chargiez... gratis... de nous aider... dans n'importe quoi... de façon que nous n'ayons pas besoin de nous adresser aux hommes.

— Sans doute... eh bien?

— Madame, j'ai un mur de jardin à faire réparer, et je viens demander à celle de vous qui est maçon de vouloir bien venir travailler chez moi.

Toutes les dames se regardent : elles ne s'attendaient pas à être requises pour ce genre de travail; on les entend déjà chuchoter entre elles :

— Le plus souvent que nous travaillerons à son mur!...

— Joli ouvrage qu'il nous propose!...

— Il se moque de nous, ce paysan!...

Cézarine elle-même dit à demi-voix :

— Que le diable l'emporte avec son mur!... C'est pourtant fâcheux, mesdames, que nous répondions par un refus à la première demande que l'on nous fait!...

Mais la veuve Flambart se lève tout à coup, en s'écriant :

— Eh bien, non, mesdames, la réclamation de ce paysan

ne sera pas repoussée!... Ce n'est pas une chose bien difficile que d'assembler quelques moellons... où plâtras, et de les faire tenir avec du plâtre... Je m'en charge, moi!...

— Comment! madame Flambart, vous croyez que vous saurez faire le maçon?

— Avec une volonté ferme on fait tout ce qu'on veut, vous l'avez dit vous-même. Une brèche à un mur, c'est un enfantillage. Paysan, avez-vous chez vous du plâtre, des outils?

— Oh! oui, madame, j'ai tout ce qu'il faut : auge, truelle, plâtre... et des gravats pour faire le mur...

— Partons, alors,... Ah! par exemple, il me faut un aide... un maçon ne travaille jamais sans un aide... Qui est-ce qui vient avec moi?

Personne ne bouge; on entend murmurer de tous côtés :

— Pas moi!... pas moi!... pas moi!...

Alors Cézarine appelle sa femme de chambre et lui dit :

— Aglaé, vous allez accompagner madame Flambart et l'aider dans ses travaux maçonniques...

— Tu vas faire le métier de goujat, ma pauvre Aglaé! dit Elvina à la jeune cameriste.

Celle-ci fait la moue et murmure :

— Mais madame, je ne saurai jamais...

— Ce qu'on ne sait pas, on l'apprend. Allez, Aglaé, et ne répliquez pas.

— Mais, madame...

— Puisque madame Flambart vous donne l'exemple, il me semble que vous devez vous trouver trop heureuse de l'imiter.

Frédéric et son frère étaient à la fenêtre ; le premier pousse un cri de surprise en voyant arriver derrière le père Matois madame Flambart et la jeune Aglaé.

— Ce n'est pas Elvina! dit Gustave.

— Dieu merci! répond Frédéric ; je ne lui aurais jamais pardonné de se faire maçon. Quant à cette pauvre Aglaé, à la mine qu'elle fait, il est facile de voir qu'elle ne vient pas ici par plaisir. Les voici, ne nous montrons pas. La Brie est au jardin, on ne le connaît pas, il est adroit, il a mis une blouse, on le prendra pour un paysan.

Madame Flambart entre fièrement dans la maison en disant :

— Où est-il, ce mur?... Voyons, je vais vous bâcler ça en deux temps!

— C'est madame qui est le maçon? dit la mère Matois en faisant une belle révérence.

— Je suis... tout ce que je veux... je sais tout faire, moi... Voyons donc votre brèche.

Le père Matois conduit la dame dans son jardin et lui montre l'endroit qu'il faut fermer. Les gravats sont en tas tout auprès, puis le plâtre et tous les outils dont se servent les maçons. Aglaé, au lieu de regarder tout cela, examine La Brie, qui se promène un peu plus loin.

Madame Flambart ôte sa basquine, son chapeau, retrousse ses manches et dit :

— Il nous faut de l'eau... où a-t-on de l'eau?

— Madame, voilà d'abord deux arrosoirs qui en sont pleins. Quand vous en voudrez d'autre... le puits est là à deux pas...

— C'est bien. A présent, bonhomme, allez-vous-en... je n'aime pas qu'on me regarde travailler, cela me gêne. Si j'ai besoin de vous, j'appellerai.

Le père Matois salue et s'éloigne, mais il ne perd pas de vue ces maçons d'une nouvelle espèce.

La veuve Flambart ne veut pas qu'on la regarde travailler, parce qu'elle ne savait pas par où commencer ou ce qu'elle devait faire. Elle examine les gravats et dit à Aglaé :

— Mettons-en d'abord pas mal les uns sur les autres, puis nous les collerons avec du plâtre... n'est-ce pas?

— Je crois que oui, madame... je ne sais pas cet état-là, moi...

— Voyons, bigre !... c'est lourd à manier, ces plâtras...
Aïe ! en voilà un qui m'est tombé sur le pied.

— Madame se blessera bien sûr !

— Bah ! je suis un homme pour le courage... Allons, Aglaé,
apportez-moi donc des gravats...

— Voilà, madame, voilà...

— Et prenez garde à mes pieds...

— Si j'avais une brouette, j'en apporterais bien plus à la
fois.

— Vous irez tout à l'heure en demander une ; mais d'a-
bord, faisons du mortier pour lier tout cela...

— Voici l'auge, madame.

— Qu'est-ce qu'il faut mettre en premier ?

— Je crois que c'est le plâtre... Apportez-en un sac.

— Non, ce doit être le plâtre... Apportez-en un sac.

— Ah ! que c'est lourd !...

— Versez-en beaucoup... ça m'amuse, moi, de faire le
maçon !

— Madame est bien heureuse !

— Mais j'ai remarqué que les maçons chantaient toujours
en travaillant.

— C'est vrai, madame.

— Chantons alors. Aglaé, savez-vous une ronde, une chan-
sonnette de maçon ?

— Ma foi, non, madame...

— Ah! je me rappelle, à l'Opéra-Comique, dans la pièce
intitulée le Maçon... oui, c'est cela... l'air me revient !...

> Dépêchons, travaillons,
> Gagnons bien notre argent !
> Ouvrier diligent,
> Dépêchons, travaillons !

— Eh bien, Aglaé, vous me laissez chanter toute seule ?

— Je ne sais pas cet air-là, moi, madame.

— Alors, versez-moi de l'eau.

— Voilà !

— Du plâtre !

— Voilà !

— Encore de l'eau !

— Voilà, madame.

— Encore du plâtre !... c'est singulier, j'ai beau arroser,
tout cela ne prend pas...

— Ah ! madame, le plâtre, ça ne prend pas tout de suite !...
ça y met le temps, il faut le laisser prendre.

— Je comprends, je suis trop vive. Mais j'ai vu les maçons
le remuer beaucoup avec leurs mains.

— Avec la truelle, madame.

— Oui, mais celle-ci est cassée. Allez-en demander une
autre.

Aglaé court vers la maison ; madame Flambart regarde
quelque temps son plâtre, puis se met à le pétrir avec ses
mains, en se disant :

— Le plâtre blanchit la peau... je ne suis pas fâchée de
l'occasion, elle fera peut-être disparaître les tâches de rous-
seur que j'ai aux mains ; je vais les fourrer toutes les deux
là-dedans.

Et madame Flambart laisse ses mains dans le plâtre et oublie de le remuer. Et le plâtre, qui n'avait reçu que peu
d'eau, prend tout à coup, devient dur, et la maçonne, pen-
chée sur l'auge, s'écrie :

— Ah ! c'est drôle ! ça me serre les doigts... Tiens, ça me
serre toute la main... Ah ! mon Dieu, mais je ne puis plus
les retirer de là-dedans... mes mains sont murées... Holà !...
Aglaé... paysan !... du monde !... Quelqu'un ! venez donc
me libérer... j'ai les deux mains scellées dans cette auge !...

Personne ne venait, parce que Frédéric retenait à dessein
le paysan et sa fernme, et que La Brie faisait causer Aglaé,
qui n'était pas pressée de retourner maçonner.

La situation de madame Flambart est fort désagréable : elle
est obligée de se tenir à genoux devant l'auge, qu'elle ne peut
soulever tant elle est lourde ; elle craint aussi de se blesser

en essayant de l'enlever. Plus le temps s'écoule, et plus le
plâtre est devenu dur. Elle appelle, elle crie, elle reste ainsi
près de cinq minutes.

Enfin le père Matois arrive, puis Aglaé.

— Monsieur, c'est une horreur, dit madame Flambart !
vous me laissez les mains prises dans cette auge !... j'appelle... je crie, et on ne me répond pas...

— Pardon, madame, mais je ne pouvions pas deviner...

— Otez-moi cela, monsieur, ôtez-moi cela bien vite !...

— Morgué !... mais ça tient trop ; si je tire je vous casse-
rais les mains...

— Est-ce que vous croyez que je vais rester clouée dans
cette auge ?... Un marteau, monsieur, vite un marteau !...
vous casserez le plâtre qui entoure mes mains...

Mais Aglaé avait déjà été en demander un. Elle rapporte
bientôt une autre truelle, avec laquelle on parvient à casser
le plâtre et à délivrer la veuve Flambart des gants désagréables qu'elle s'était donnés.

Aussitôt qu'elle se sent libre, cette dame donne un coup de
pied dans l'auge, remet son chapeau, sa basquine, rabat ses
manches, et s'écrie :

— Venez, Aglaé, suivez-moi ; partons...

— Comment ! madame, vous vous en allez ? dit le père
Matois ; et mon mur ?

— Fichez-moi la paix avec votre mur... j'en ai assez du
métier de maçon ! ça mure les mains ! On ne m'y prendra plus
à faire le maçon... à travailler dans du plâtre !...

Madame Flambart retourne au château, où elle conte sa
mésaventure, ce qui fait beaucoup rire les jeunes femmes, qui
se moquent d'elle au lieu de la plaindre.

Mais le lendemain, deux autres paysans, auxquels Frédéric
fait la leçon, se présentent au château pour avoir, l'un, un
serrurier, l'autre, un charron ; ces villageois sont
assez rudement éconduits. Cézarine leur dit :

— Nous laissons les gros ouvrages aux hommes, c'est bon
pour eux. Mais à nous, il ne faut demander que ce qui exige
de l'esprit, de la finesse, du talent, de l'adresse, du tact et de
l'imagination.

— Alors, pourquoi que vous avez fait tambouriner que,
chez vous, on ferait gratis tout ce qu'on avait l'habitude de
faire faire aux hommes !

— Pourquoi êtes-vous assez bêtes pour croire tout ce que
l'on tambourine ?

XIII

Ces dames font un journal.

Cette aventure a un peu refroidi l'enthousiasme des indépendantes. Après s'être vantées de pouvoir en tout remplacer utilement les hommes, elles se sentaient vexées de voir
qu'il y avait bien des choses qu'elles n'étaient pas en état de
faire, puis elles se disaient : « Après tout, c'est la faute de l'éducation qu'on nous a donnée ; si l'on nous avait, toutes jeunes,
appris la gymnastique et à grimper sur des échelles, nous
serions capables d'être pompiers ! »

En attendant que l'on soit parvenu à poser les bases de
leur corporation, madame Étoilé dit un matin aux indépendantes assemblées :

— Mesdames, au lieu de travailler sans cesse à nous faire
un règlement, ce qui n'est pas chose facile, il serait bien
plus urgent de nous occuper d'écrire un journal, dans lequel
nous développerions nos idées nouvelles touchant la condition des femmes ; en invitant toutes celles qui partageraient
nos idées à s'entendre avec nous, soit par correspondance,
soit par ambassadeur. Ce journal nous ferait connaître de
toute l'Europe... peut-être même irait-il plus loin, on ne
sait pas !.. et je suis persuadée que nous aurions bientôt un

nombre immense d'abonnées. Cela nous ferait gagner de l'argent, et dans toutes les entreprises nouvelles, on n'en a jamais de trop !... souvent on n'en a pas assez !

Cette proposition est couverte d'applaudissements.

— Oui, oui, il faut faire un journal ! s'écrie-t-on de toute part.

— Il y a déjà plusieurs jours que cette idée m'était venue, dit madame Pantalon.

— Moi, j'y songeais depuis longtemps, dit madame Bouchetrou.

— Moi, je voulais vous en parler hier, et puis cela m'est sorti de la tête !

— Moi, j'ai voulu vingt fois vous le proposer !...

— Moi également !...

— Moi aussi !...

— Très-bien, mesdames ! répond Paolina d'un air sardonique. Vous avez eu toutes les mêmes idées que moi... je suis vraiment flattée de me rencontrer ainsi avec vous. Vous me rappelez cet individu devant lequel on vantait Voltaire et qui disait : « Belle malice ! votre Voltaire a écrit tout ce que je pensais. »

— Pas de mots piquants ! dit Cézarine. Paolina, c'est vous qui la première avez proposé de faire un journal ; c'est donc à vous qu'en revient tout l'honneur. Occupons-nous sur-le-champ de mettre cette idée à exécution. Voyons, mesdames, il est bien entendu d'abord que nous y travaillerons toutes.

— Oui, oui, toutes !

— Ce sera d'ailleurs un plaisir.

— Le journal paraîtra-t-il tous les jours ?

— Oh ! non, ce serait trop de travail pour nous... il sera hebdomadaire...

— Qu'est-ce que cela veut dire ? demanda madame Boulard.

— Cela veut dire qu'il paraîtra une fois par semaine.

— Très-bien !

— Ne faudrait-il pas que chacune de nous dise quelle partie elle voudra traiter, afin que plusieurs articles ne se ressemblent pas ?

— C'est juste...

— Il faut que chacune choisisse son sujet.

— Nous pourrons parler de tout, n'est-ce pas ?

— Mais à peu près. Voyons, madame Flambart, quel sujet voulez-vous traiter ?

— Moi, je parlerai politique.

— Impossible, nous ne pouvons pas parler politique, il faudrait verser un cautionnement. C'est trop cher.

— Diable ! c'est dommage ; j'avais cependant de belles choses à proposer à plusieurs gouvernements !...

— Vous les garderez pour une autre occasion, ça peut se retrouver.

— Si vous me défendez la politique, je vais me jeter dans la marine... je parlerai de la pêche.

— Moi, je parlerai de la chasse...

— Je ne vois pas quel rapport tout cela peut avoir avec la société que nous voulons fonder. N'importe ! continuons : vous, madame Grassouillet ?

— Je ferai les articles de modes !

— Mais il y a déjà plusieurs journaux de modes, rédigés par des femmes... ce sera des redites !

— Vous plaisantez ! avec les femmes on ne parle jamais trop de modes ! c'est indispensable, au contraire.

— Soit !... passons à une autre. Vous, madame Vespuce ?

— Moi, j'écrirai un roman à la manière anglaise.

— Très-bien. Et madame Dutonneau ?

— Je parlerai de la graisse...

— La Grèce... Ah ! vous traiterez l'histoire grecque ?

— Mais pas du tout, je parlerai de la graisse, de l'embonpoint, de l'avantage qu'il y a pour les femmes à devenir potelées, dodues, en prenant des années.

— Ceci est une question, madame, s'écrie la sèche Olympiade... Moi, je prétends, au contraire, qu'une femme con-

serve bien plus longtemps sa jeunesse quand elle est mince et fluette, que lorsqu'elle s'arrondit au point qu'on ne lui voit plus de taille !...

— Madame, j'ai souvent entendu mon mari dire que la chair était préférable aux os.

— Madame, je me moque de l'opinion de votre mari ; il me semble qu'il est fort déplacé de venir ici nous citer l'opinion de ces messieurs.

— Assez, mesdames, assez ! s'écrie Cézarine ; n'envenimons pas la question. L'une vantera la graisse, et l'autre la maigreur. Passons à d'autres.

Alors ce fut à chacune des indépendantes de choisir sa spécialité.

— Moi, je traiterai de la musique.

— Moi, de la peinture.

— Moi, dit madame Boulard, des grands progrès que les coiffeurs ont faits depuis quelque temps dans l'art de friser les cheveux.

— Tout cela est bien futile, mesdames, et n'a guère de rapport avec les idées nouvelles que nous voulons émettre touchant les capacités de notre sexe !

— Nous y arriverons par un détour.

— Espérons-le !

— Moi, je sais parfaitement faire les confitures, j'en indiquerai les recettes.

— O ma chère amie, je vous en prie, ne parlons pas de confitures, cela sort trop de la question.

— Moi, je parlerai du ridicule de ces hommes qui portent des corsets.

— Très-bien, ceci !

— Ils vous répondront que vous mettez bien des pantalons.

— Si nous mettons des pantalons, c'est par pudeur, par décence ; tandis que les hommes qui mettent des corsets, c'est par pure coquetterie, et pour tâcher de cacher leur bedaine.

— On m'a dit qu'il y avait des hommes qui se mettaient du rouge.

— Pas possible ! où s'en mettent-ils ?

— Je présume que ce n'est pas sur le nez, mais sur les joues, pour se donner le teint frais.

— Que ne mettent-ils aussi des *mouches* pour ressembler aux marquises d'autrefois ?

— Mesdames, ceci me paraît apocryphe, j'ai vu des hommes qui avaient de superbes couleurs, mais ils auraient bien préféré être pâles, c'est plus distingué ; d'ailleurs les hommes ne tiennent jamais à avoir l'air frais.

— Avant d'aller plus loin, je me permettrai de dire à notre honorable commandante que nous devrions songer au titre que nous donnerons à notre journal ; c'est une chose fort importante !

— Oui, car d'un titre dépend souvent tout le succès d'une publication.

— Oh ! soyez tranquilles, mesdames, nous n'en manquerons pas !...

— Mais encore faut-il en choisir un qui cadre bien avec notre sujet.

— C'est juste. Je suis d'avis que nous en arrêtions un séance tenante.

— Oui, cherchons un titre à la fois piquant et spirituel !...

— Il n'est pas besoin de le chercher, dit la veuve Flambart, il faut l'appeler : *le Journal des indépendantes* !...

— Hum !... c'est bien sec et cela prête à trop de conjectures... j'aime mieux autre chose.

— Appelons-le : *le Féminin* !... C'est gentil, cela !

— Oui, mais ça n'en dit pas assez.

— *La Nouvelle Croisade*...

— On croirait que c'est un journal religieux !

— Appelons-le *l'Androgyne* !

— Ah ! fi donc ! c'est indécent.

— *Le Journal du beau sexe* ?

— Il faut dans un titre éviter de parler de sexe.

— Mais, d'abord, en quelle couleur le couvrirons-nous, ce journal? Ceci est encore une chose très-importante ; on prend d'abord le monde par les yeux, il faut donc donner à notre journal une couverture qui plaise, qui séduise... qui tire l'œil.

— Mesdames, il faut le couvrir en jaune...

— Y pensez-vous? ces messieurs prendraient cela pour un aveu !

— En rouge, alors?

— On en a mis partout !... c'est comme la muscade !

— En bleu?

— Il y en a déjà !...

— En chocolat?

— C'est trop sombre

— En citron... c'est brillant cela?

— Oui, pas mauvais ; une couverture citron peut être agréable à l'œil.. c'est assez coquet ! Cela tire un peu sur le jaune... mais, après tout, ce n'est pas un mal !... Mesdames, la couverture citron est-elle adoptée?

— Oui, oui... Va pour le citron !...

— Moi, dit madame Grassouillet, j'aurais préféré abricot !

— Non, citron vaut mieux.

— Adopté, le citron ! adopté !

— Voilà une chose faite ; il n'y a que le titre que nous n'avons pas encore. Mais il vaut peut-être mieux y penser à loisir, et nous donner le temps, afin d'en arrêter un bon. Comme cela ne nous empêche pas de faire les articles que nous destinons à notre journal, je propose de lever la séance pour aller y travailler.

— Je me permettrai de faire observer à madame Pantalon que, dans les articles que l'on fait pour un journal, on a souvent l'occasion de le citer, et que par conséquent ce sera très-incommode de ne point savoir le titre...

— C'est juste, la préopinante a raison ; et puis un titre vous aide quelquefois pour ce que vous voulez écrire... on le tourne, on le retourne, il peut fournir des mots piquants.

— Alors, mesdames, arrêtons un titre, mais tâchons de nous décider.

— Si nous l'appelions simplement : le *Journal citron*?

— Oh ! non, on dirait qu'on ne peut le lire qu'avec des huîtres !...

— Appelons-le : le *Régénérateur* !

— C'est l'annonce d'un cosmétique, cela !

— Donnons-lui un titre comique, appelons-le : la *Boulette* !

— Ce titre, qui pourrait convenir à beaucoup de journaux, ne doit pas être le nôtre : il nous tournerait nous-mêmes en ridicule.

— Mesdames, s'écria Paolina, j'ai votre affaire ! un titre original, piquant... qui promet beaucoup... qui ne trompe en rien !

— Voyons ! voyons ! quel est ce titre merveilleux ?

— Le *Perce-Oreille* !

Les dames se regardent, secouent la tête, puis murmurent :

— C'est assez drôle...

— On pourrait trouver mieux...

— Ça ne dit pas grand'chose !

— Mais si... cela promet, au contraire...

— Oui, ce titre est original, c'est le principal !

— Pourquoi pas le *Pince-Oreille* plutôt que le *Perce-Oreille* ?

— Ah ! *perce* vaut bien mieux ; nous ne voulons pincer personne, mais nous voulons percer... et nous percerons... Croyez-moi, fixons-nous à ce titre. On le critiquera... tant mieux ! mesdames, c'est fini, c'est adopté : notre journal s'appellera le *Perce-Oreille*, et maintenant allons-y travailler !... Quand voulez-vous que l'on se réunisse pour apporter ses articles?

— Mais il faut nous laisser le temps d'y rêver d'abord.

— Dans trois jours... est-ce trop tôt?

— Moi, j'aurai fait mon article demain, dit Paolina.

— Oh ! mais, vous ! c'est votre vocation d'écrire ; vous êtes une dixième muse ! dit Amandine d'un air moqueur. Tout le monde n'a pas votre habitude !.. Trois jours, ce n'est pas trop !

— Y aura-t-il un comité pour juger les articles?

— Non, dit Cézarine, c'est moi qui jugerai, qui déciderai. Vous devez bien penser, mesdames, que je n'y mettrai point de partialité. D'ailleurs, en cas d'indécision, je consulterai tout le monde... et la majorité des voix décidera.

Ces dames se séparent et vont travailler avec ardeur à leur futur journal, car lorsqu'un projet nouveau éclate dans la tête d'une femme, c'est toujours avec ardeur, avec empressement qu'elle travaille à sa réussite ; mais cette ardeur est-elle durable? Voilà ce qui est plus rare ; il faut si peu de choses pour distraire la pensée d'une femme, et une autre idée peut faire oublier la première, comme un nouvel amour fait oublier un ancien.

Elvina est la seule qui déclare ne pas avoir l'intention de travailler au journal citron.

— Et pourquoi ne veux-tu pas faire aussi ton article? lui dit Cézarine, grand ou petit, n'importe... Les plus courts sont souvent les meilleurs et ont le plus de chances d'être lus en entier. Pourquoi ne veux-tu pas apporter ta pierre à l'édifice que nous construisons?

— Mais, ma sœur, c'est parce que je ne me sens pas le talent d'écrire quelque chose qui vaille la peine d'être imprimé, et pour écrire dans un journal, il me semble qu'il faut avoir beaucoup... oh ! mais beaucoup d'esprit !

— Ma chère amie, tu exagères ! Certainement, l'esprit ne nuit pas ; mais cela n'est point absolument indispensable. Et je pourrais te citer tel journaliste en renom qui n'en met jamais dans ses articles, probablement de peur de l'user. Enfin, fais comme tu voudras... Quand tu verras le *Perce-Oreille* dans toutes les mains, quand tu entendras faire l'éloge de ses articles, je gage bien que tu voudras y mettre de ta prose ou de tes vers.

— Vous y mettrez donc aussi des vers?

— Nous y mettrons de tout !

Pendant trois jours les indépendantes paraissent fort occupées et se parlent peu entre elles... Le capitaine en est fort intrigué, c'est à peine s'il voit ces dames aux heures du repas, et encore y sont-elles infiniment moins causeuses.

Le vieux marin n'y tient pas, il dit à sa nièce :

— A quoi, diable, pensez-vous donc, toi et tes amies? vous ne causez plus, vous ne riez plus, vous ne vous disputez plus... vous semblez avoir l'esprit je ne sais où... Qu'est-ce qui vous arrive?... des femmes qui ne parlent plus, ce n'est pas naturel... Il faut qu'il y ait là-dessous quelque chose d'extraordinaire.

— Mon oncle, c'est que nous faisons un journal !

— Un journal! pourquoi faire?... est-ce qu'il n'y en a pas assez?

— Nous faisons un journal pour répandre nos idées, propager nos principes, enfin faire voir la lumière aux femmes qui sont encore aveugles.

— Si vous faites un journal pour les femmes aveugles, elles ne le liront pas.

— Mon oncle, c'est une figure ! Quand on dit à quelqu'un qu'on veut lui faire voir la lumière, cela veut dire qu'on lui ouvrira l'esprit...

— Quand il n'a pas d'esprit, qu'est-ce qu'on lui ouvre?

— On élargit sa pensée, on éclaire sa raison. Demain, chacune m'apporte son article, je les réunis et je fais imprimer le *Perce-Oreille* à Noyon, cela nous coûtera moins cher qu'à Paris ; ensuite M. Fouillac se chargera de trouver à Paris quelqu'un qui le vendra et le répandra partout.

— Comment as-tu appelé ton journal?

— Le *Perce-Oreille*.

— Donnez-vous des primes?

— Oh ! non, mon oncle, on en donne tant ! que cela est devenu commun ! nous en promettrons, mais nous n'en donnerons pas, ce sera bien plus spirituel !

Le jour fixé pour la rédaction du journal, les dames se rendent à midi dans la salle qu'elles ont adoptée pour leurs délibérations. Cézarine se place devant une grande table chargée de tout ce qu'il faut pour écrire; puis, lorsqu'on est au complet, elle agite la sonnette, le silence se fait et elle dit :

— Madame Étoilé, c'est vous qui, la première, avez proposé de faire un journal : à vous de commencer. Lisez-nous votre article...

— Oh! je ne suis pas pressée! répond Paolina. A vous les honneurs, madame Pantalon!

— Moi, je ne vois pas la nécessité de vous lire ce que j'ai fait; d'abord, c'est fort long; ensuite, lors même que mon article ne vous satisferait pas en tout, je suis parfaitement décidée à n'y rien changer; par conséquent, vous le lirez imprimé, ce sera suffisant.

— Oui, oui!...

— Et nous aurons le plaisir de la surprise...

— Puisque madame Étoilé veut rester pour la bonne bouche, dit une jeune femme, moi, je m'exécute : voilà ce que j'ai fait... Oh! soyez tranquilles, ce n'est pas long.

— Mais il vaudrait peut-être mieux que ça fût long!... N'importe, lisez!

La jeune adepte se lève, tousse un peu, puis lit sur une feuille de papier qu'elle tient à sa main :

« — J'ai une de mes amies d'enfance... je la nommerai simplement madame X... Elle est très-connue parmi les artistes, elle est d'une grande force sur le piano, mais d'une extrême coquetterie et fait de l'œil à tous les hommes; elle cherche à plaire à mon mari. Celui-ci est un monstre qui ne mérite pas que je sois jalouse, mais madame X... dit partout que j'ai de très-vilaines dents, que même j'en ai de fausses : ce n'est pas vrai... Je sais sur son compte des choses... qui rendent son voisinage bien désagréable en société. Si elle parle encore de mes dents, moi, je la préviens que je divulguerai tous ses inconvénients, et ce sera long!... » Voilà...

— C'est cela que vous voulez mettre dans notre journal? dit Cézarine.

— Sans doute : je signerai; mon amie d'enfance se reconnaîtra bien.

— Mais qu'est-ce que cela fait au public que madame X... dise du mal de vos dents et qu'elle ait, elle, des inconvénients secrets? Vous croyez que cela intéressera les lecteurs?

— Dame! je vois tous les jours que ces journaux ces messieurs qui écrivent des articles se disputent avec d'autres que nous ne connaissons pas. Ça ne m'intéresse pas du tout, mais c'est égal, c'est est.

— Ma chère amie, il y a un vers de Boileau qui dit : Lorsqu'on veut se modeler sur des personnes, c'est par le beau côté qu'il leur faut ressembler...

— Ce n'est pas Boileau qui a dit cela, c'est Molière!

— Boileau ou Molière; nous sortons de la question! Votre article n'a aucun rapport avec l'esprit de notre journal... N'importe, je le mettrai. A une autre!

Madame Dutonneau lit un long article sur les avantages dont jouissent les femmes grasses et sur le charme que l'embonpoint répand sur toute leur personne. Elle termine en enseignant un régime qu'on peut faire pour engraisser les personnes qui le suivront.

Après cette dame, la grande Olympiade s'empresse de prendre la parole, et de lire un article dans lequel elle vante les avantages d'une taille mince, svelte, d'une tournure leste, dégagée, qui n'est point embarrassée dans ses mouvements par des paquets de graisse, toujours incommodes, disgracieux, et qui donnent une vieillesse prématurée à ceux qui ont le malheur d'avoir un gros ventre et plusieurs mentons; enfin madame Bouchetrou cherche à prouver que la maigreur est l'état le plus agréable pour une femme, et termine en donnant une recette pour empêcher d'engraisser.

Après lecture de ces deux articles, leurs auteurs se regardent comme deux chiens de faïence.

La délicate madame Vespuce sort de son sac un manuscrit et se lève en disant avec une voix pleine d'émotion :

— Mesdames, j'ai fait mon roman, et il me serait bien agréable si vous consentiez à en entendre la lecture.

— Comment donc! mais nous ne demandons pas mieux... Est-ce que cela ne vous fatiguera pas de nous faire cette lecture?

— Bien au contraire, ce sera pour moi un plaisir, car je verrai l'impression que produit sur vous mon roman... ensuite, je recueillerai vos avis... je vous demanderai la plus grande sincérité... Oh! ne me ménagez pas! soyez franches... vos précieux conseils me guideront!

— Lisez, chère madame, lisez, nous vous écoutons avec la plus grande attention, et nous aurons soin de ne point vous interrompre... Vous entendez, mesdames, les interruptions sont défendues!

— On s'y conformera.

XIV

Le roman de madame Vespuce.

La nouvelle femme de lettres a déroulé son manuscrit; elle le feuillette, l'examine avec cet amour d'un tendre père qui se mire dans son enfant. On a placé près d'elle le verre d'eau sucrée de tradition. Il y a des auteurs qui préfèrent un verre de vin de Bordeaux; j'en ai même connu un qui ne lisait jamais sans avoir près de lui une bouteille de champagne; il en buvait souvent, quelquefois même cela ne suffisait pas, et il en demandait une seconde. On lui accordait tout ce qu'il demandait, parce qu'il avait beaucoup de talent et que ses ouvrages obtenaient presque toujours de grands succès.

Mais revenons à madame Vespuce qui, avant de lire son roman, juge à propos de formuler une petite préface et dit d'une voix émue :

— Mesdames, je réclame d'avance toute votre indulgence... Je suis une débutante dans la carrière... Je n'ai pas l'habitude de madame Étoilé, je me laisse aller à mon inspiration. Mon roman, je crois vous en prévenir, est tout de cœur, tout de sentiment, tout de passion.

— Nous verrons bien! comme dit *Alceste*, répond Cézarine en souriant... Calmez donc votre émotion, chère indépendante... Vous êtes devant vos *pairs*. Si nous entendons la lecture de votre roman, ce n'est pas pour le juger, c'est parce que vous le désirez...

— Oh! oui, je le désire, je recueillerai avec soin vos conseils, vos avis... je serai heureuse de les suivre...

— Est-ce qu'elle n'aura pas bientôt fini son avant-propos?... dit tout bas madame Grassouillet à une de ses voisines.

— Elle tient à bien nous préparer; il paraît que ce qu'elle va nous lire doit nous faire beaucoup d'effet!

— Méfions-nous, alors!

— Mesdames, je commence... Mon roman aura pour titre : *Les Déceptions d'un cœur trop sensible, ou les funestes effets de la jalousie, lorsque cette passion est poussée jusqu'à son dernier période!...*

— Bravo! superbe titre, dit madame Étoilé.

— Moi, je le trouve un peu long, dit madame Dutonneau.

— Il n'en fera que plus d'effet sur la couverture du livre.

— Il ne tiendra jamais sur la couverture, à moins de l'imprimer en très-petits caractères.

Pendant cette dissertation, madame Vespuce avait eu tout le temps de faire fondre le sucre dans son verre d'eau.

Lorsque la conversation est terminée, elle regarde autour d'elle, si on l'écoute et, au lieu de lire, recommence un préambule : Mon héroïne est une jeune princesse, élevée par les soins d'une bonne paysanne qui pour toute fortune ne possédait qu'une vache, qui n'a jamais connu ses parents...

— Pardon : est-ce la vache ou la princesse qui n'a jamais connu ses parents?

— Ah! madame Flambart, pouvez-vous m'adresser une telle question?... Il est bien évident qu'il est question de la princesse...

— Mais non, vous avez emmêlé tout cela ensemble ; moi, j'aime à être fixée sur mes personnages.

— Mon héroïne se nomme Fleur-d'Acacia, et mon héros Coquelicot-Bleu.

— Très-joli !... oh! excessivement joli !...

— Voilà des noms ravissants !...

— C'est ainsi que dans le monde on devrait appeler ses enfants.

— Assurément : au lieu de Marie, Adèle ou Théodore, noms infiniment communs, est-ce qu'il ne serait pas cent fois plus agréable de dire : Viens m'embrasser, Fleur-d'Acacia?... As-tu bien appris ta leçon, Coquelicot-Bleu ?... Est-ce que tu as mal au ventre, Bouton-de-Rose? Et ainsi de suite.

— Il y aurait une foule de plantes à personnifier.

— Ce serait tout un calendrier à refaire.

— Nous nous occuperons de cela plus tard, mesdames.

— Très-bien ; mais quand nous en serons sur le chapitre du calendrier, il ne faudra pas oublier de rallonger les mois, c'est fort important.

— Olympiade a raison ; des mois de trente jours, ce n'est pas assez.

— Non, il faut qu'un mois ait au moins quarante jours.

— Oui, au moins, et il faut qu'il y en ait quinze dans l'année.

— Quinze dans l'année, ce n'est pas assez, mettons-en dix-huit. Vous comprenez que, de cette façon, on vieillirait beaucoup moins vite!

— Naturellement une femme qui a aujourd'hui trente ans n'en aurait alors que vingt.

— C'est très-juste ; cette réforme sera une des premières à enregistrer dans notre nouveau code social.

— Mille pardons, chère madame Vespuce ! ce sont les jolis noms de vos héros qui nous ont fait vous interrompre. Nous ne dirons plus rien...

— Nous tâcherons, du moins.

— Poursuivez.

— Pour mon traître, mesdames, je n'ai rien trouvé de mieux que Raoul Barberousse de Croquamort.

— Croquamort est déjà fort gentil, dit madame Étoilé.

— C'est un nom difficile à prononcer ; je crains, moi, qu'on ne dise souvent Croquemort!...

— Tant pis pour ceux ou celles qui ne savent pas lire ! Il ne faut pas s'occuper de ces petits détails. Ainsi, j'ai entendu quelqu'un lire, en société, un conte intitulé le *Merle blanc*. L'héroïne élevait cet oiseau qu'elle chérissait, elle lui adressait les plus tendres discours, elle s'écriait à chaque instant : Viens à moi, joli merle ! merle !... Eh bien, le lecteur avait une si mauvaise prononciation que lorsqu'il lisait : Merle ! merle ! merle !... on croyait entendre tout autre chose. Cela faisait un effet désagréable ; mais, pour cela, croyez-vous donc qu'un auteur doive changer les termes qu'il emploie en écrivant? Non, vraiment ! on n'en finirait pas s'il fallait consulter le goût de chacun, et craindre qu'en lisant on écorche le nom de ses personnages.

— Mille excuses, madame Vespuce ! Cette fois, il est bien convenu que nous ne vous interromprons plus.

— Alors, mesdames, je commence.

« Il était minuit, et tout dormait dans la forêt vierge qui s'étend depuis les Alpes jusqu'au pied du mont Cenis... »

— Pardon... une simple observation : je ne crois pas que les Alpes s'étendent si avant que cela...

— Et puis, ce n'est point une forêt vierge ; depuis long-temps on traverse les Alpes. On y rencontre souvent des voyageurs, et toujours des ours...

— Mon Dieu, mesdames, si vous allez me chicaner pour si peu de chose ! comment voulez-vous que mon roman ait de la couleur, de la poésie?... On dit : forêt vierge, parce que cela fait bien dans une description... Au reste, je m'étais

trompée sur mon manuscrit, ce n'est pas dans les Alpes que nous sommes, mais dans une épaisse forêt de la Hongrie, dans les environs de Mongatz. Mon roman commence à l'époque où le fameux comte Tékéli... se battait contre les troupes de l'empereur d'Allemagne... Vous savez que maintenant, au théâtre, il faut de la musique pour réussir ; sans musique il n'y a plus de succès possible, tandis qu'avec un orchestre, du chant, du bruit, des roulades, enfin de la musique, ou quelque chose qui y ressemble, vous pouvez mettre en scène les âneries les plus grandes, les bêtises les plus ridicules. Tout cela passera parfaitement s'il y a un accompagnement dessous. Prenez les sujets les plus bizarres, mêlez des princes avec des garçons boulangers, des personnages du temps de Louis XIII avec des cocottes, des titis de cette époque ; faites une scène d'amour entre Aspasie et le duc de Richelieu ; mettez François Iᵉʳ aux pieds de Sophie Arnould : tout cela passera si tous ces gens-là chantent, crient, font des roulades, des points d'orgue, et surtout s'ils terminent leur chœur final en dansant le cancan.

— Oh! la danse échevelée ! c'est toujours ce qui ravit, ce qui enlève le public !... Vous ne vous figurez pas, mesdames, avec quelle impatience ce bon public, ce public si lettré, attend cette danse pour laquelle il ne manque jamais de demander *bis*, cette danse qui le met en pâmoison, qui l'enchante, le bouleverse et le fait se trémousser en mesure sur les bancs de l'orchestre et du parterre ! Au premier jour, — on s'y attend, du reste, le public, cédant à son entraînement, à son enthousiasme, ne pourra se contenir ; il sautera sur la scène, il envahira les planches, et, se mêlant aux acteurs, achèvera avec eux la danse-bacchanale qui termine l'acte. Ah ! ce sera un beau jour pour l'art dramatique... et les gens de lettres l'attendent avec une vive impatience.

— Avez-vous fini, madame Étoilé?

— J'ai fini, si on le désire, car j'aurais encore bien des choses à dire sur le revirement qui s'opère dans le théâtre ; je projette là-dessus un ouvrage qui sera piquant ; je l'intitulerai : *De l'influence de la pipe, de la bière, de l'absinthe et des cafés-concerts sur les amateurs de spectacles, et de plus...*

— Est-ce que nous ne devons pas avant tout écouter le roman de madame Vespuce?...

XV

Suite de la lecture du roman sans interruption.

La petite madame Vespuce, après avoir bu le verre d'eau sucrée, pendant que madame Étoilé pérorait... allait se décider à s'en faire un second... Mais on fait silence. Elle reprend son manuscrit.

« Tout dormait dans la forêt vierge qui s'étend depuis les Alpes... non, je veux dire en Hongrie... Je réfléchis que je ferai peut-être mieux de mettre mon épaisse forêt en Bohême... »

— Continuez toujours... peu importe le pays, pourvu que la forêt soit bien épaisse.

— Écoutez cette description : « C'étaient des arbres séculaires, dont les branches, fortement entrelacées, formaient un dôme impénétrable aux rayons du soleil. Ces arbres vigoureux étaient parfois si rapprochés les uns des autres qu'il était impossible de faire deux pas sans se cogner le nez ou tout autre partie de son individu. La terre était recouverte de mousse, de lierre, de feuilles mortes qui formaient comme un tapis façonné par la nature. Lorsque le vent s'engouffrait sous ces vieux arbres à moitié morts... »

— Pardon, belle dame, mais vous avez dit tout à l'heure que c'étaient des arbres vigoureux... alors ils ne sont pas à moitié morts?

— Madame, il me semble que, dans une épaisse forêt, il peut bien y avoir des arbres morts parmi des arbres vigoureux.

Nagez, matelot! nagez, c'est votre état!... je suis très-bien sur votre dos. (Page 55.)

— Madame Vespuce a parfaitement raison. Au reste, c'est dans le monde comme dans les forêts : celles-ci contiennent des arbres sains, d'autres malades, d'autres morts. C'est ainsi dans la société.

— Ah! permettez, madame Pantalon, dans la société, nous nous trouvons, en effet, quelquefois avec des gens qui ne sont pas bien portants, il y en a même qui exhalent une odeur assez désagréable! mais je ne pense pas avoir jamais fait le whist ou le boston avec quelqu'un qui n'existait plus!...

— Moi, s'écrie madame Dutonneau en riant, j'ai souvent fait le whist avec un mort.

— Ah! c'est un calembour!... madame Dutonneau fait un jeu de mots!...

— Ah! ah! ah! très-joli, le mot!...

— Moi aussi, j'ai plus d'une fois fait le whist avec un mort, et j'ajouterai que c'est infiniment plus amusant que de jouer à quatre.

— Vous trouvez?

— Oh! il n'y a pas de comparaison!...

— Moi, fait la veuve Flambart, j'ai une fois fait le whist avec un Écossais qui passait pour y être de première force.

— Était-ce un montagnard écossais?

— Oui, car c'était un *highlander*, autrement dit un habitant des montagnes...

— Est-ce qu'il portait le costume national de son pays?

— Ma foi, je ne l'ai pas remarqué!

— Cependant, le costume national d'un Écossais est assez original pour qu'on le remarque tout de suite!

— Ah! oui, oui, il le portait, car je me souviens maintenant qu'avant de nous mettre au jeu, il s'est baissé devant moi pour ramasser une épingle, et cela m'avait choquée. Mais cet highlander avait une singulière manière de jouer le *whist*, il coupait dans une couleur et quelques instants après on s'apercevait qu'il avait de la couleur qu'il avait coupée.

— Alors ce n'était pas un Écossais, c'était un grec que votre grand joueur.

— Tout ce que je sais, c'est qu'on a fini par le mettre à la

porte du salon dans lequel il avait trouvé moyen de s'introduire.

— Il me semble, mesdames, qu'il serait temps de retourner dans l'épaisse forêt dont madame Vespuce nous faisait une si émouvante description.

— Oh! oui, de grâce, madame Vespuce, veuillez continuer la lecture de votre adorable roman, que nous avons tant de plaisir à entendre!...

— Elles ont du plaisir à l'entendre et elles ne l'écoutent pas, dit à demi-voix Cézarine en se penchant vers sa voisine. Heureusement cette pauvre petite Vespuce a de la patience!... A sa place moi j'aurais déjà remis mon manuscrit dans ma poche.

Madame Vespuce reprend :

« — Lorsque le vent s'engouffrait sous les vieux arbres de la forêt, il faisait craquer les branches, il renversait, déracinait les plus hauts peupliers. C'était le moment que le sombre et cruel Raoul Barberousse de Croquamort choisissait pour se promener. Ce seigneur félon était d'une taille gigantesque, il avait six pieds et plusieurs pouces... »

— Est-ce plusieurs pouces à ses pieds ou dans sa taille?

— Oh! madame Boulard, comment pouvez-vous me faire une telle question?

— Mais, madame, c'est parce que cela s'est vu quelquefois, on vient au monde avec des difformités.

« — Croquamort avait donc six pieds et plusieurs pouces; il était d'une maigreur effrayante. Ses joues creuses et livides, son front chauve et luisant, ses dents longues et aiguës comme celles d'un sanglier lui donnaient un aspect repoussant. Son nez fort long et fort mince ressemblait au fer d'une lance; son menton de galoche menaçait son nez ; sa bouche était un gouffre qui, en s'ouvrant, se fendait jusqu'à ses oreilles; ses yeux glauques achevaient de rendre sa tête épouvantable...

« Croquamort, après avoir fait plusieurs pas dans la forêt, s'arrête tout à coup en murmurant d'une voix sourde : « Le désordre de la nature convient bien à la situation de mon cœur ! » Puis, se frappant le front comme si une idée subite venait d'éclairer sa mémoire, il se remit en marche, écartant avec sa longue épée tout ce qui pouvait faire obstacle à son passage. Il arrive enfin devant l'entrée d'une grotte dans laquelle il se hâte de pénétrer.

« C'était une grotte immense, formée par des rochers, ou plutôt ce devait être le résultat de quelque tremblement de terre, de quelque cataclysme qui, en bouleversant cette partie du globe, avait mis en dessous les choses qui auparavant étaient en dessus. Ainsi, dans les interstices des rochers qui se trouvaient être les plafonds de ces sombres retraites, on voyait poindre des fleurs, ornées de leur feuillage, tantôt d'un beau vert, tantôt chétives et rabougries. Qui le croirait ! dans des anfractuosités de rochers, dans des encoignures où le soleil ne devait jamais pénétrer, on trouvait des rhododendrons, des bruyères, des mimosas, des crocus, des jasmins, des primevères de Chine, des jacinthes, des lauriers-thym.

— Mon Dieu, madame Vespuce, mais vous avez donc suivi un cours de botanique ?

— Non, madame, j'ai lu ceci quelque part dans un vieux livre, et je me suis dit : Il me semble que ceci fera bien dans ma grotte, et je m'en suis servie. Est-ce que ce genre de travail n'est pas permis, madame ?

— Oh ! pardonnez-moi, chère dame ; non-seulement il est permis de fouiller dans un vieux bouquin pour y prendre ce qui peut nous servir, mais il y a encore des écrivains, soi-disant gens de lettres, qui ne craignent pas de puiser dans les ouvrages de leurs confrères vivants, et sans daigner dire à quelle source ils ont pris ce qu'ils emploient.

— Veuillez reprendre votre intéressante lecture, que désormais nous nous garderons bien d'interrompre.

XVI

Suite de la lecture du roman de madame Vespuce.

« — Dans cette grotte on marchait sur de la fougère et une infinité d'autres plantes dont je ne vous énumérerai pas les noms en ce moment.

« Raoul Barberousse de Croquamort, après avoir longtemps regardé autour de lui, se dirigea vers une ouverture que l'on apercevait au fond et qui servait d'entrée à une autre grotte bien plus spacieuse, bien plus étendue que la première, mais où tout était sombre, froid et lugubre. Cette seconde grotte, loin d'être tapissée de verdure, servait de retraite aux hiboux, aux chouettes et à des araignées monstrueuses.

— Mon Dieu ! est-ce qu'elle ne va pas bientôt sortir de ses grottes ? dit à demi-voix Amandine, je commence à en éprouver des inquiétudes dans les jambes.

— Moi, je me retiens pour ne pas bâiller, mais véritablement cette dame abuse des fleurs.

— Chut ! donc, là-bas, dit Cézarine, qu'avez-vous donc, mesdames, à chuchoter ?

Madame me disait qu'elle avait vu une grotte à Ermenonville, près de l'Ermitage de Jean-Jacques Rousseau, mais que cela ne ressemblait pas du tout à celles du roman de madame Vespuce.

— Ah ! vous avez été à Ermenonville, madame ? N'est-ce pas que c'est un endroit délicieux, ravissant ? Et Jean-Jacques avait bien choisi sa retraite.

— En effet ; mais ce qui m'étonne, c'est qu'il ait eu l'idée de s'y donner la mort !...

— Que dites-vous là ! Mais Jean-Jacques Rousseau ne s'est pas tué, il est mort d'un coup de sang...

— Détrompez-vous, madame, le grand philosophe ne l'était pas encore assez apparemment pour pouvoir supporter un malheur que tant de maris acceptent sans murmurer. Jean-Jacques Rousseau, ayant acquis la preuve que Thérèse, la femme qu'il avait élevée jusqu'à lui, le trompait avec un... je

n'ose pas dire quoi ! enfin l'homme de la nature, qui aurait dû, plus que tout autre, fermer les yeux sur les faiblesses de l'humanité, ne put supporter la pensée d'être... ce que vous savez bien. Il se brûla la cervelle dans cette petite maisonnette qu'il habitait et que l'on voit encore, non loin de l'île des Peupliers, où est maintenant son tombeau. Voilà du moins ce que m'a dit quelqu'un qui se prétend bien certain de ce qu'il avance.

— Non, madame, je n'accepte pas cette version ; je ne veux pas croire que l'homme qui a écrit des choses si admirables ait fini sa mal sa carrière. Sans cesse entouré d'ennemis, il se figurait que l'on en voulait à ses jours, il fuyait le monde et se dérobait à tous les regards. Mais de tout cela à être jaloux de sa femme il y a loin, et se suicider parce que votre moitié... vous a trompé... Jean-Jacques oublia donc que Lucullus, César, Pompée, Antoine, Caton et tant d'autres grands hommes l'ont été et le surent, sans faire pour cela aucun bruit ! Il n'y eut qu'un sot, Lépidus, qui en mourut de désespoir. Franchement, Jean-Jacques aurait bien dû ne pas vouloir ressembler à Lépidus.

Toutes les indépendantes applaudissent en disant :

— Hurrah pour madame Pantalon !

Madame Vespuce profite de cette interruption pour attaquer son second verre d'eau sucrée.

— Pardon, chère dame, reprend Cézarine, le souvenir de Jean-Jacques nous a fait vous oublier un moment, mais vous nous le pardonnerez ; il y a si peu de grands hommes maintenant qu'il faut bien se rejeter sur ceux qui ne sont plus.

— J'étais, je crois, restée dans la seconde grotte...

— Non, non, vous en étiez sortie.

— Alors, je suis au moment où mon charmant berger Coquelicot-Bleu arrive à son tour dans la forêt.

— Ah ! oui, arrivons à Coquelicot-Bleu.

— C'est donc un berger ?

— Oui, oui, un berger dans le genre d'Apollon, lorsqu'il menait paître le troupeau d'Admète, roi de Thessalie...

— Sur le mont Hymette.

— Non, sur le mont Ida.

— Je vous demande pardon, c'est sur le mont Hymette...

— Vous faites erreur, madame : le mont Hymette est une montagne de l'Attique, qui est célèbre par la quantité et l'excellence du miel qu'on y recueille.

— Madame, on n'a jamais gardé de troupeaux sur le mont Ida.

— Mon Dieu, mesdames, que ce soit sur le mont Hymette ou sur le mont Ida que se soit promené Apollon, que nous importe ? Ce sera, si vous voulez, à Montmartre que ce dieu séducteur a mené les brebis d'Admète, est-ce que cela fait quelque chose pour la marche de votre roman ?

— Pas la moindre chose.

— Eh bien, alors, ne nous occupons plus d'Apollon.

— Parlons de Coquelicot-Bleu.

— C'est un beau jeune homme de vingt-cinq ans ; il porte une espèce de culotte très-courte faite en peau de buffle et qui laisse ses genoux à découvert...

— Comme les caleçons de bain ?

— Justement. Sa poitrine est enveloppée d'une peau de mouton ou d'agneau sous laquelle il cache ses croix et les ordres étrangers qui le décorent.

— Comment ! votre berger est décoré ?

— C'est un faux berger. Son manteau, qu'il porte attaché simplement sur l'épaule gauche, est la peau d'un tigre qu'il a vaincu...

— Il est donc couvert de peaux, ce berger ?

— Probablement, il doit avoir aussi des gants en peaux de lapin.

— Non, il n'a pas de gants, mais un superbe poignard avec une lame de Tolède.

— Coquelicot est d'une jolie taille, bien fait, bien tourné ; sa figure est aussi noble que séduisante. Sa bouche laisse voir une quarantaine de dents parfaitement rangées et si blanches qu'on les croirait en porcelaine.

— Quarante dents! mais on n'en a pas tant que cela ordinairement : je croyais que trente-deux était le maximum!

— Madame, dans un roman, je crois bien qu'on peut donner à son héros quelques dents de plus qu'au premier venu?...

— Oh! certainement, c'est une simple remarque que je faisais!...

— Coquelicot a les cheveux d'un noir d'ébène, et il porte une queue pour en faire revenir la mode.

— Ce charmant jeune homme a le front noble et fin, et le nez légèrement retroussé du bout...

— Ah! madame, quelle faute!... Ah! de grâce, changez cela!

— Quoi donc, madame?

— Ne faites pas un nez retroussé à votre amoureux... C'est impossible... D'abord, jamais un nez retroussé, chez un homme, ne peut inspirer de l'amour, de la passion, du sentiment! Le nez retroussé a quelque chose de moqueur, de gouailleur, de badin, qui vous invite à rire, mais ne vous fait pas soupirer. C'est chez les nez droits, les nez grecs, que vous trouverez des hommes passionnés; les nez aquilins peuvent en éprouver aussi, mais chez ceux-là il s'y mêle de la réflexion, de la méditation, de l'astuce, et il faut rarement se fier à leurs discours.

— Il me paraît, madame, que vous avez fait sur les nez une étude approfondie.

— En effet, madame, et d'abord, en voyant un homme camus ou dont le nez est retroussé du bout, je ne puis m'empêcher de me rappeler l'explication que donne Rabelais sur cette partie du visage.

— Vous avez lu Rabelais, madame? Je croyais qu'une dame ne pouvait pas lire cet auteur-là!

— Erreur, madame, toujours erreur!

— Et que dit Rabelais au sujet des nez retroussés?

— Il dit, madame, que la personne dont le nez est ainsi fait a eu pour nourrice une gaillarde dont le sein était nécessairement ferme et dur, ce qui repoussait et gênait le nez de son nourrisson, tandis que les nez droits et longs ont dû puiser leur nourriture dans un sein doux et mollet.

— Voilà une définition qui est bien digne de Rabelais!...

— Enfin, puisque cela vous contrarie tant, je changerai le nez de Coquelicot-Bleu, je lui donnerai un nez aquilin.

— Votre roman y gagnera cent pour cent!

« — Le beau Coquelicot-Bleu se dirigeait vers la grotte : mais avant d'y entrer, il s'arrête pour regarder longtemps autour de lui ; enfin il pénètre dans cette retraite mystérieuse. Il espérait y trouver celle pour laquelle il donnerait sa vie, la jeune et candide Fleur-d'Acacia ; mais elle n'y est point : le farouche Croquamort, caché dans la seconde grotte, pouvait donc tout à son aise regarder, épier, voir ce que faisait son rival... je ne crois pas vous avoir déjà appris que ce seigneur félon était aussi amoureux de Fleur-d'Acacia et par conséquent rival de Coquelicot-Bleu, auquel il avait voué une haine mortelle, mais je présume que vous l'aviez deviné.

« Bientôt on entend les sons harmonieux et doux du tambour de basque, c'est Fleur-d'Acacia qui arrive en chantant, en dansant. Elle pénètre dans la grotte, elle y est à peine que déjà Coquelicot-Bleu est à ses genoux et la contemple avec amour.

« La jeune fille valait bien la peine d'être contemplée : elle était mince, svelte, légère, sa taille aurait tenu dans un anneau de rideau. Ses yeux étaient d'azur, ses cheveux de la soie, sa bouche si petite, si petite! que c'est à peine si elle pouvait y mettre son petit doigt! »

— Alors comment pouvait-elle y introduire une fourchette?

— Votre question est trop matérielle. Est-ce qu'une héroïne de roman doit être soumise à ces détails?... Est-ce qu'elle a besoin de fourchette? est-ce qu'elle vit comme tout le monde?... est-ce qu'elle pense à manger?...

« Coquelicot-Bleu est aux genoux de la belle jeune fille ; il lui dit qu'il l'aime, il jure de ne jamais changer... Fleur-d'Acacia est attendrie. Mais Croquamort, qui a vu tout cela de l'endroit où il est caché, prend dans sa ceinture un re-

volver à huit coups et en tire sur-le-champ quatre sur Coquelicot-Bleu, qui, au premier, a déjà roulé sur la poussière... »

— Ah! quel malheur! Coquelicot-Bleu est tué.

— Comme cela finit mal!

— Mais attendez, mesdames, attendez! ce n'est pas fini... « Fleur-d'Acacia est tombée évanouie sur le corps de son amant ; Croquamort court la prendre, il l'emporte dans ses bras, sort de la grotte, rejoint son cheval, et part au grand galop.

« Croquamort arrive à son château. Il ordonne à ses gens de préparer un festin, et remet Fleur-d'Acacia aux soins d'une vieille cuisinière. La vieille asperge la jeune fille avec de l'eau de lavande. Fleur-d'Acacia revient à elle et s'écrie :

« — Donnez-moi la mort! »

« A quoi la vieille répond : — Non, je vous donnerai une omelette au lard, et c'est tout ce que j'ai pu faire pour le festin que monseigneur m'a commandé ; mais demain il fera jour, et on mettra le pot-au-feu. »

« Inutile de vous dire que Fleur-d'Acacia ne veut rien prendre. Le lendemain, Croquamort vient la trouver et lui dit :

« — Je vous donne trois jours pour consentir à m'épouser... » La jeune fille lui répond :

« — Vous me donneriez trois ans, que ce serait absolument la même chose. Je vous refuserais.

« — Cela ne fait rien ; je tiens à vous donner trois jours. »

« Au bout de trois jours, Croquamort, qui s'est fait faire un costume éblouissant de pierres fausses, revient trouver Fleur-d'Acacia et lui dit :

« — Veuillez me suivre à la chapelle.

« — Pourquoi faire ?

« — Pour devenir ma femme.

« — Puisque je ne le veux pas!

« — Venez toujours, vous pouvez changer d'avis en chemin, cela s'est vu. Plus d'une jeune fille qui consentait à se marier a dit non, au lieu de oui, quand elle a été devant M. le maire. Pourquoi ne feriez-vous pas le contraire? Avec les femmes on n'est jamais sûr de rien. »

« On part pour la chapelle, mais au moment d'y pénétrer, un homme masqué se jette devant le traître Croquamort et lui marche sur le pied en lui disant :

« — Je t'ai marché sur le pied ; si tu n'es pas un lâche, tu vas m'en demander raison, et nous allons nous battre à outrance. »

« Croquamort répond :

« — Je ne suis point un lâche, mais je ne me bats jamais qu'avec les gens qui n'en ont pas envie. Tu en as envie, donc je ne me battrai pas avec toi! mais je vais te faire jeter au fond de mes oubliettes. Auparavant, je saurai qui tu es! »

« Il arrache le masque qui recouvre le visage de l'inconnu et l'on reconnaît Coquelicot-Bleu... »

— Mais il avait été tué dans la grotte ?

— Probablement il n'avait pas été bien tué. « Fleur-d'Acacia pousse un cri de joie; Croquamort un cri de fureur, Coquelicot-Bleu un cri d'allégresse... Il prend Fleur-d'Acacia dans ses bras et disparaît avec elle par une longue galerie.

« Cette galerie se termine par une porte, il l'ouvre, voit devant lui un long corridor étroit et sombre; il s'y engage sans balancer. Ce corridor aboutit enfin à un escalier, il le descend, il compte les marches, il y en a soixante-douze. »

— Et il tient toujours sa maîtresse dans ses bras ?

— Naturellement !

— Faut-il qu'il soit fort ! C'est égal, cela doit le gêner !

« — Au bas de l'escalier, il se trouve devant une autre porte ; il l'ouvre... »

— La clef était donc sur la porte ?

— Mon Dieu ! madame, est-ce qu'on s'occupe de ces détails-là !... « Il ouvre cette porte et aperçoit un autre escalier, qu'il faut monter, cette fois ; il le monte. »

— Pauvre garçon ! un Auvergnat n'y tiendrait pas !...

« — Il monte quatre-vingts marches ; alors un air frais vient le frapper au visage : il se trouve au bord d'une rivière...

« Un bateau est là avec des rames... Nos amis sautent dans le batelet, ils arrivent devant une plage déserte... ils abordent... Coquelicot-Bleu, ivre d'amour, va se jeter de nouveau aux genoux de sa maîtresse, lorsque Croquamort, sortant tout à coup de derrière un groseillier, tire sa longue épée et la passe au travers du corps de son rival... »

—Ah ! mon Dieu, voilà Coquelicot-Bleu bien mort cette fois !... Quel dommage !...

— Attendez donc !... « Raoul Barbarousse de Croquamort emmène de nouveau Fleur-d'Acacia... »

« Mais cette fois, au lieu de la conduire à la chapelle de son château, c'est en Italie, sur le mont Vésuve qu'il veut se marier à Fleur-d'Acacia... »

— Quelle idée !... sur le mont Vésuve !... est-ce qu'on peut se marier sur le mont Vésuve ?

— On y fait tout ce qu'on veut : un de nos plus spirituels et inimitables romanciers nous a dit y avoir dîné sur l'herbe pendant que la lave en feu coulait à quelques pas de lui. « Croquamort est donc arrivé avec Fleur-d'Acacia sur le Vésuve, et par un raffinement de cruauté il a voulu que la jeune fille fût parée comme le sont les jeunes mariées. Les futurs gravissent la montagne ; mais, arrivés près de la bouche du cratère, ils se trouvent devant un pèlerin dont la barbe était si épaisse, qu'elle cachait tout son visage. Il s'arrête devant Croquamort, lui marche encore sur les pieds et lui dit :

« — Te battras-tu cette fois ? Puis, il ôte sa barbe et on reconnaît Coquelicot-Bleu... »

— Il n'était pas tué ?

— Jamais ! « A sa vue, le traître Croquamort se sent frémir, il fouille à sa ceinture pour y chercher une arme quelconque... Coquelicot ne lui en laisse pas le temps, il le saisit, l'enlève et le précipite dans la bouche fumante du volcan. »

Madame Vespuce est enfin parvenue à terminer la lecture de son roman, que toutes ces dames couvrent de bravos ! d'éloges ! en se disant tout bas :

— Ah ! quel bonheur que ce soit fini !

— Oh ! mais il y aura une suite, dit Zénobie ; ceci n'est que la première partie.

— Une suite ! dit Cézarine ; mais il me semble que c'est difficile. Votre roman est bien fini, puisque vous avez jeté votre traître dans le cratère du Vésuve.

— Au contraire, c'est ce qui me permettra de recommencer. Dans une éruption, le volcan peut rejeter Croquamort sur la terre ; alors il s'attaque de nouveau aux deux amants.

— Ah ! je n'avais pas pensé à cela ; en effet, c'est très-ingénieux.

XVII

On se provoque.

Après la longue lecture du roman de madame Vespuce, madame Boulard lit son article sur les progrès qu'ont faits les coiffures des dames ; elle fait sentir tous les avantages du chignon, et surtout du faux chignon qui, pouvant se porter aussi fort que l'on veut, peut, dans plus d'une circonstance, garantir d'un danger celles qui le portent. L'auteur a vu, dans la rue, une dame atteinte à la tête par la chute d'une cheminée et qui n'a pas été blessée, grâce à son chignon, qui l'a garantie complètement.

Madame Grassouillet a fait un article de mode, dans lequel elle dit que les petits chapeaux de ces dames sont encore trop grands. Elle prétend que les femmes ne seront bien coiffées

que lorsqu'elles pourront fourrer leur chapeau dans leur corset, avec d'autres de rechange ; de cette façon, les chapeaux auront un double emploi : quand on voudra rester nu-tête, on les laissera dans le corset, où ils auront encore leur utilité.

On entend ensuite des articles sur la musique, sur la peinture, sur le chant. La veuve Flambart traite de la pêche et des poissons ; elle annonce qu'elle les passera tous en revue, depuis le goujon jusqu'à la baleine. Mais Cézarine l'arrête au homard, en lui disant :

— C'est très-bien... nous ne tenons pas à nous occuper des autres.

Une jeune femme s'écrie :

— Moi, j'ai l'intention de faire un livre... je ne sais pas encore sur quel sujet... ni comment je le nommerai... ni si ce sera gai ou triste... historique... ou pure fantaisie... mais c'est égal, je voudrais qu'on en parlât, qu'on l'annonçât d'avance, afin que personne ne me volât mon sujet...

— On l'annoncera quand vous saurez vous-même ce que vous voulez écrire. — Madame Étoilé, tout le monde a donné son travail, excepté madame qui ne sait pas encore ce qu'elle veut faire. C'est à votre tour maintenant, et nous sommes impatientes de vous entendre.

Paolina tire un manuscrit de son sac de voyage, le développe, se pose et dit avant de le lire :

— Moi, mesdames, j'ai pensé à notre journal ; par conséquent j'ai écrit pour notre journal. J'aurais pu, comme vous, traiter une foule d'autres sujets... il en est même qu'il m'eût été bien agréable de caresser ; mais cela en m'écartant du but de notre association : j'ai donc dû sacrifier mon goût à mon devoir !...

— Quel prologue !...

— Quelle préface !...

— Est-ce qu'elle n'a pas bientôt fini ? se disent entre elles plusieurs de ces dames.

Enfin, la dixième muse prend son manuscrit et lit :

« Depuis longtemps, le besoin d'un citron... non, je me trompe... pardon... j'ai dit une bêtise !... Je recommence : « Depuis longtemps le besoin d'un journal citron se faisait sentir dans le monde littéraire ; réjouissez-vous, aimables lectrices auxquelles nous offrons cette nouvelle publication, cette lacune va être comblée. Le journal citron que vous désiriez tant... ce citron ! le voilà, ayez-le toujours dans vos mains, sur votre causeuse et votre somno ; emportez-le même au spectacle, vous n'en serez pas fâchées... Que partout, en tous lieux on trouve le journal citron... que sa couleur brillante frappe l'œil... que chacun se dise : Êtes-vous abonné au journal citron... si vous ne l'êtes... au citron... au Perce-Oreille ? dis-je ; mais c'est lui qui est citron... qui... qui... »

Madame Étoilé s'arrête, de bruyants éclats de rire interrompent sa lecture : c'est madame Grassouillet qui a donné le signal de cet accès de gaieté. La dixième muse pose son manuscrit et lance à la jolie Amandine un regard qui n'est pas doux, en lui disant :

— Puis-je savoir, madame, ce qui provoque cette gaieté, au moins intempestive, à laquelle vous vous livrez ?

— Mon Dieu ! madame, ce sont vos citrons... Franchement, ils reviennent si souvent dans votre article que cela m'agaçait... J'aurais pu en avoir une attaque de nerfs, mais j'ai préféré en rire...

— En effet, madame, je comprends que vous soyez agacée quand vous entendez lire des choses sensées, des choses sérieuses, des choses qui ont le sens commun, enfin !... moi, je n'ai pas ri à la lecture de votre article sur les petits chapeaux que vous voulez fourrer dans les corsets, mais cela m'a fait pitié !...

— Madame, je suis bien désolée que mon article vous ait fait pitié !... cependant, plus que toute autre vous devriez être enchantée d'avoir quelque chose à mettre dans votre corset !...

— Madame, vous êtes une impertinente !...

— C'est vous, madame, qui m'insultez en me disant que je n'entends rien à ce qui a le sens commun !...

— Oui, madame, et je le répète, vous n'êtes bonne qu'à parler chiffons!...

— Cela vaut encore mieux que d'ennuyer tout le monde avec des phrases à prétention, avec du pathos enfin!...

— Du pathos!... du pathos!... c'en est trop! vous me rendrez raison de cette injure...

— Vous m'ennuyez!... vous êtes assommante...

— Mesdames!... mesdames!... calmez-vous...

— Non, non, cela ne se passera pas ainsi... Je veux une réparation!

— Le fait est que vous avez grand besoin d'être réparée...

— Taisez-vous, chipie!...

— Vous n'êtes pas une chipie, vous; mais vous êtes une pie, ce qui est bien pis!...

— Ah! quelle horreur!... Vous m'en rendrez raison...

Madame Pantalon se lève et va se placer entre les deux antagonistes, qui commençaient à se regarder de trop près, et leur dit d'un ton sévère :

— Point d'injures, mesdames, ce n'est pas de cette façon que des personnes bien nées, que des femmes courageuses doivent vider une querelle. Puisque nous tenons à montrer que nous valons bien les hommes, prouvons-le en nous battant en duel comme eux. Paolina, Amandine, choisissez chacune vos témoins, ils s'entendront entre eux sur les conditions du combat et le choix des armes, et demain matin, à huit heures, on se rencontrera dans le petit bois qui fait suite au jardin. J'ai dit! la séance est levée.

Les paroles de Cézarine ont bien vite calmé la colère des deux héroïnes. Cependant madame Grassouillet fait signe à mesdames Vespuce et Boulard de la suivre; tandis que, de son côté, madame Étoilé emmène la veuve Flambart et madame Dutonneau.

— Est-ce que vraiment vous voulez vous battre? demanda la frêle Zénobie à Amandine, tandis que madame Boulard s'assure que son chignon ne bouge pas.

— Mais je n'y tiens pas absolument!... répond la jolie femme. Au reste, si on m'y oblige, je vous déclare que je ne me bats qu'au pistolet, à cinquante pas, et je tire la première...

— Mais si votre adversaire choisit l'épée?

— Ça m'est égal! qu'elle prenne une épée si elle l'aime mieux; moi, je vous ai dit mes conditions, je n'y changerai rien; j'aurai un pistolet... non, un revolver à six coups... je tirerai mes six coups de suite; après ce sera son tour.

Pendant que ceci se discute d'un côté, de l'autre madame Flambart dit à Paolina :

— A quelle arme vous battez-vous?

— A l'épée, pas autrement, c'est l'arme des gentilshommes. Si on se servait encore de la lance, je l'aurais préférée.

— Mais si votre adversaire veut se battre au pistolet?

— Elle n'a pas le choix des armes! c'est moi qui ai été insultée la première...

— Mais si pourtant?...

— Je vous répète que je ne me bats qu'à l'épée ou à la lance, je ne sors pas de là. Mais si on me fait des excuses, je les accepte, parce que, après tout, j'ai réfléchi. Que des militaires se battent à l'épée ou au pistolet, c'est leur profession; que des bourgeois se battent à coups de cannes, c'est bien; que des coiffeurs se battent à coups de peignes, c'est bien; que des cochers se battent à coups de fouets, c'est bien; que des boxeurs se battent à coups de poings, c'est bien; que des chats se battent à coups de griffes, c'est très-bien; mais des écrivains ne doivent se battre qu'à coups de plumes. Il faut que chacun reste dans sa profession.

Les témoins vont se rejoindre, et comme il est impossible de s'entendre pour régler le combat, ils vont trouver madame Pantalon et la prient de les tirer d'embarras. Cézarine, après avoir écouté les deux parties, leur dit :

— Je crois que ces dames n'ont pas très-envie de se battre... dites-leur, à chacune, qu'elles ont avoué avoir eu tort, et l'affaire est arrangée.

XVIII

Un malade. — Promenade militaire.

Fouillac a aidé Cézarine à mettre en ordre les articles qui doivent composer le journal que ces dames doivent lancer dans le public.

L'article fait par madame Pantalon tenait à lui seul la moitié du Perce-Oreille et devait assurer son succès, c'est du moins ce que pensait la nièce du capitaine; et Fouillac était entièrement de son avis. Ce monsieur se charge ensuite d'aller faire imprimer le journal à Noyon, puis il se rendra à Paris pour faire annoncer dans les journaux la prochaine apparition du Perce-Oreille, journal citron, rédigé par des dames qui veulent éclairer leurs concitoyennes.

Mais Fouillac prévient les femmes de lettres que tout cela coûtera beaucoup d'argent, parce que les annonces dans les journaux sont fort chères, surtout si on veut les avoir aussi belles que les magasins de nouveauté, qui très-souvent prennent à eux seuls toute une page du journal.

— Oui, certes, nous voulons de belles annonces! dit Cézarine. Qu'importe que cela coûte cher, puisqu'il faut de la publicité, et que cela nous donnera des abonnées?... C'est de l'argent bien placé et qui nous en fera gagner beaucoup. Moi, monsieur Fouillac, je mets ma caisse à votre disposition.

— Moi aussi, dit madame Flambart, je ne suis pas riche comme madame Pantalon, mais j'ai quelques billets de banque au service du journal.

— Et vous, mesdames?

Les autres indépendantes déclarent qu'elles ne sont pas en fonds pour le moment. Madame Grassouillet s'écrie :

— Mais puisqu'il y aura de gros bénéfices, on nous retiendra dessus la part que nous aurions dû donner pour les frais.

Fouillac est parti muni de quelques billets de banque, afin de pouvoir établir et faire marcher à Paris cette importante affaire.

Madame Pantalon engage ses adeptes à s'occuper sérieusement du second numéro du journal, pendant que leur placier, — car M. Fouillac était cela pour elles, — s'occupait de faire mousser le premier.

Mais de son côté, après l'affaire du maçon, qui avait parfaitement réussi, Frédéric avait cherché autre chose pour donner de la besogne à madame Pantalon, car il n'était pas venu s'établir à Brétigny pour y rester oisif. Un matin, pendant que toute la société déjeunait, Nanon arrive annoncer à la nièce du capitaine qu'un homme demande à lui parler.

— Un homme? dit Cézarine, et quelle espèce d'homme?

— Ah! madame... je crois qu'il est de l'espèce comme les autres...

— Mais est-ce un habitant du village? est-ce un paysan?

— Il n'est pas du village; je l'aurais bien reconnu sans ça... C'est pas tout à fait un paysan, ni un beau monsieur...

— S'il vient chercher un maçon ou un charpentier, envoie-le promener... nous ne faisons pas cette besogne-là.

— Oh! non, madame, celui-là ne demande pas un ouvrier... seulement il se tient le ventre...

— Il se tient le ventre?...

— Oui, madame, tout en me parlant, j'ai bien remarqué qu'il se tenait la bedaine...

— Qu'est-ce que cela peut nous faire?

— Dame!... il demande la médecine du château...

— Ah! c'est un malade, et il vient pour consultation...

— Oui, madame, c'est cela... il est malade.

— Il fallait donc le dire tout de suite. Fais passer cet homme dans la salle de nos assemblées; je vais m'y rendre.

— Est-ce que tu te charges de guérir les malades, ma nièce? demande M. de Vabeaupont.

— Pourquoi pas, mon oncle? j'ai étudié les simples, j'ai lu beaucoup de livres de médecine... je vous réponds que je m'en tirerai aussi bien qu'un docteur. Au reste, mesdames, si parmi vous il y en a qui aient quelques connaissances dans l'art de guérir, elles peuvent venir avec moi. Ce sera une consultation en règle.

— Moi, je m'entends assez à soigner les malades, dit la veuve Flambart.

— Moi, dit Olympiade, j'ai guéri ma bonne d'un rhume opiniâtre.

— Moi, dit madame Dutonneau, j'ai sauvé mon chien, qui était très-bas.

— Eh bien! mesdames, accompagnez-moi. Vous examinerez le malade, chacune de vous donnera son avis, il est impossible qu'il n'en résulte pas un remède qui guérisse.

Ces trois dames suivent Cézarine, les autres ne paraissent pas curieuses de voir ce monsieur qui se tient le ventre.

Le soi-disant malade semble avoir une quarantaine d'années, il tourne sa bouche de travers, et de longs cheveux roux descendent sur ses épaules et lui couvrent presque les yeux, ce qui produit un ensemble fort peu séduisant; ajoutez à cela un accent picard très-prononcé, et vous aurez une idée du personnage.

A la vue des dames, le nouveau venu ôte un grand chapeau de paille qui couvrait sa tête et les salue jusqu'à terre, mais toujours en se tenant le ventre.

— Vous êtes de ce village, monsieur? dit Cézarine en s'asseyant ainsi que ses amies.

— Oui, madame, c'est-à-dire j'en suis sans en être... J'habitais autrefois Brétigny, mais je l'ai quitté... par suite d'affaires. V'là huit ans que je n'y étais venu... Mais je reviens m'y *fisquer...* et je suis sans en être... J'ha- ami, le père Matois, et comme je *jouis* d'une mauvaise santé, Matois m'a dit : Va donc consulter au château... Il y a là des dames qui sont des médecines, elles te donneront des remèdes gratis... autrement dit, ça ne te coûtera rien. Cette raison-là m'a déterminé... Alors, voilà, je suis venu...

— Vous avez bien fait, monsieur... Quelle est votre maladie?

— Oh! madame, j'en ai pas qu'une! j'en avons plusieurs... j'en manque pas.

— Enfin, où souffrez-vous particulièrement?

— Dame!.... je souffre... dans le ventre... j'ai eu... sauf votre respect, une explosion de bile, que ça m'a fait courir sans m'arrêter pendant huit jours, que j'en suis maigri... c'en est effrayant... Moi, qui avais de beaux mollets... eh ben, plus rien! Voulez-vous voir?...

— Non, monsieur, non, il est inutile que je voie vos mollets. Après?

— J'ai par moments des gonflements dans le ventre... il devient comme un tambour... mais ça n'est que du vent... ça s'en va...

Ici, Olympiade juge prudent de s'en aller aussi; elle sort.

— C'est tout, monsieur?

— Oh! non, madame, j'ai trois dents qui se gâtent... ça me fait du mal. Ma joue est enflée, et puis ça sent très-mauvais... Voulez-vous sentir, madame?

— Non, non, nous ne sommes pas dentistes; nous vous croyons de loin.

Cependant le malade s'approchait de madame Dutonneau, en ouvrant une bouche énorme. Armide juge prudent de faire retraite comme madame Bouchetrou.

— Je vous donnerai quelque chose pour mettre sur vos dents, dit Cézarine. C'est tout, je pense?

— Oh! que non, madame, je ne vous ai pas encore parlé du plus pire de mes maux... ça pour la fin. Voyez-vous, madame, je suis affligé à un endroit... je ne sais pas comment vous dire ça... c'est bien délicat à expliquer... je crains de vous faire rougir...

— Voyons, expliquez-vous, à un médecin on peut tout dire... on doit même tout lui dire; sans cela, comment voulez-vous qu'il soigne votre maladie?

— C'est juste... mais c'est que... vous... vous n'êtes pas un médecin comme les autres...

— Qu'importe, pourvu que je sache vous guérir? N'est-ce pas ce que vous voulez?

— Assurément, que vous me guérissiez, et je ne demande pas autre chose. Alors c'est convenu... du moment qu'on peut tout dire, j'y vas carrément!... et vous vous engagez à me guérir...

— Mais finissez-en donc, monsieur.

— M'y v'là.... m'y v'là... Eh bien, madame, il m'est venu un mal... oh! mais un fameux mal... Tenez, je crois qu'on appelle ça un clou!

— Un clou! eh! mon Dieu, mais il n'y a pas d'inconvénient à dire cela... tout le monde sait ce que c'est qu'un clou; et où est-il placé, le vôtre?

— Ah! voilà le chiendent! il est juste à l'endroit où l'on s'asseoit, si bien que je ne peux pas m'asseoir...

— Je vais vous donner quelque chose pour faire un cataplasme que l'on vous posera dessus...

— C'est-y vous qui aurez cette obligeance, madame?...

— Non, oh! je ne me charge pas de cette besogne. Mais rien n'est si facile que de poser un cataplasme. Votre ami Matois ou sa femme vous rendront ce service...

— Ah! madame, c'est que mon clou est énorme! C'est pas un clou comme un autre...

Et le malade porte la main à son vêtement indispensable; alors madame Flambart disparaît à son tour en s'écriant :

— Quelle horreur!

Mais déjà Cézarine a arrêté la main de ce monsieur, en lui disant d'un ton sévère :

— Eh bien, qu'est-ce que vous allez donc faire? Je vais vous donner des simples pour votre colique et des herbes pour votre cataplasme... Vous vous ferez panser où vous voudrez.

— Est-ce qu'on peut bien soigner une plaie sans la voir?

— Assez! sacrebleu! se vous m'ennuyez à la fin!...

— Tiens! la médecine qui jure!... ah! ben, si c'est comme ça que vous soignez les malades, merci, c'est pas la peine qu'on se dérange pour venir vous trouver!... Gardez vos drogues et vos herbes, j'en veux pas! je me ferons guérir par queuqu'un moins délicat que vous... Le plus souvent que je me fierai à vos histoires! Vous voulez vous gausser de nous avec vos remèdes... je gage que ça me donnera la jaunisse.

Après avoir dit cela, le soi-disant malade prend son bâton, enfonce son chapeau sur sa tête et s'en va.

— Obligez donc les gens, dit Cézarine, si c'est ainsi qu'ils vous remercient! Après tout, il était dégoûtant, cet homme, et je ne suis pas fâchée qu'il soit parti.

Lorsque madame Pantalon retourne au salon, on lui demande des nouvelles de son malade.

— C'est un insolent, dit Cézarine; il m'a invectivée parce que je n'ai pas voulu me rendre compte par mes yeux de son clou.

— Il fallait appeler Lundi-Gras, dit le capitaine. Je te réponds qu'avec son pied il aurait renfoncé le clou de ce monsieur de façon à ce qu'on ne puisse plus le voir. Mais avec les paysans tu auras de la besogne si tu veux entreprendre de les soigner... Ils vous demandent des remèdes qu'ils ne prennent pas. En as-tu déjà guéri depuis que tu es ici?

— Je ne sais pas, mais j'ai plusieurs fois remis à Nanon des ordonnances pour les malades.

— Ça ne les a pas guéris du tout, madame, dit Nanon qui vient d'entrer, et la femme à Jean-Pierre, qui est en bas, vient demander si on peut prêter une seringue pour son mari, qui ne va pas bien, ou si vous aimez mieux qu'il vienne prendre le remède ici.

— Donne-lui toutes les seringues du château et qu'elle nous laisse tranquilles.

— Mesdames, dit la veuve Flambart, ces paysans ne nous respectent pas assez, parce qu'ils ne nous ont pas vues sous notre costume militaire et toutes ensemble, formant une petite troupe...

— C'est vrai, dit Amandine; on avait parlé d'une promenade dans le pays avec nos carabines et nos basquines, qui sont presque toutes pareilles... sauf quelques boutons, quelque soutache de plus ou de moins, — enfin c'est toujours un uniforme, — et on ne l'a pas faite, cette promenade.

— Eh bien, mesdames, il faut la faire; vous avez raison, cela imposera à ces paysans. Il faut toujours jeter un peu de poudre aux yeux du populaire.

— Le temps est superbe; je propose de faire cette promenade aujourd'hui.

— Aujourd'hui, soit!

— Aurons-nous un tambour avec nous?

— Assurément! c'est même indispensable; sans tambour nous pourrions parcourir le village et les environs sans attirer l'attention de personne; peut-être ne serions-nous vues que par trois ou quatre laboureurs; mais le tambour, cela s'entend de loin et tout le monde accourt pour savoir ce que c'est.

— Malheureusement, nous n'avons pour tambouriner que Nanon, qui tambourine bien mal!...

— Ah! dame! moi je ne sais faire qu'un roulement.

— Si on n'entend qu'un roulement, on croira que c'est un enterrement militaire qui passe.

— Si nous prenions Lundi-Gras avec nous? Il sait battre la caisse.

— Oh! mesdames, point d'hommes avec nous! cela nuirait à l'effet que nous devons produire.

— Oh! je sais bien quelqu'un qui bat joliment la caisse, dit Nanon, et qui sait faire autre chose que des roulements!

— Qui donc!

— Pardi, c'est Martine, la cuisinière; elle s'est moquée de moi plus d'une fois pendant que j'apprenais le tambour, et elle le prenait et jouait dessus des morceaux que c'était magnifique... Elle enfonce joliment le garde champêtre.

— En vérité, Martine sait battre la caisse?... Nanon, va vite la chercher, et apporte ici le tambour et les baguettes.

La cuisinière arrive, suivie de Nanon qui tient le tambour.

— Martine! dit madame Pantalon, Nanon prétend que vous savez très-bien battre la caisse; est-ce vrai?

— Oui, madame, je me suis peut-être un peu rouillée, mais autrefois j'avais pris des leçons d'un de mes cousins qui était tapin dans les voltigeurs, et quand ça allait ferme.

— Vous savez faire autre chose qu'un roulement?

— Je crois bien... je sais des marches, des retraites, des pas redoublés!...

— Voyons, Martine, prenez la caisse et donnez-nous un échantillon de votre talent...

La cuisinière se met à prendre le tambour, les baguettes, et à battre la caisse d'une façon très-dégagée: elle exécute des fla et des ra de toutes les manières, les dames sont enchantées, il y a surtout un pas redoublé qui les fait sautiller sur leurs chaises. Elles applaudissent avec transport, et Cézarine s'écrie:

— Bravo, Martine, vous avez là un charmant talent de société, je ne me doutais pas que j'avais une cuisinière si forte sur la peau d'âne! est-ce Lundi-Gras qui a été votre professeur?

Martine hausse les épaules en répondant:

— Ah! par exemple! Dieu merci, j'ai eu mieux que ça; est-ce que j'aurais jamais pu rien apprendre avec ce vieux mousse qui n'a jamais calé à terre? Mais mon cousin était gentil, et le tambour, c'était son élément.

— Martine, vous allez venir en promenade avec nous. J'ai une basquine de rechange qui vous ira, et une toque d'avocat, sur laquelle je mettrai un pompon; vous marcherez à notre

tête en battant de la caisse; vous nous jouerez ce pas redoublé qui nous a enlevées tout à l'heure.

— Moi, madame, je ne demande pas mieux; mais si je vais avec vous, qui est-ce qui fera le dîner? C'est pas Nanon, qui ne sait pas éplucher un oignon.

— Le dîner!... le dîner!... parbleu! c'est Lundi-Gras qui s'en chargera. Mon oncle, vous voulez bien que Lundi-Gras fasse le dîner aujourd'hui, n'est-ce pas?

— Ma foi, ma chère amie, je ne l'ai jamais mis à cette épreuve, et j'avoue que je serai curieux de savoir comment il s'en tirera.

— C'est convenu. Lundi-Gras fera le dîner. Mesdames, allons nous habiller, je me charge de costumer Martine en tambour.

XIX

Lundi-Gras cuisinier.

Une heure après, la petite troupe féminine sort du château, précédée par Martine, qui a une tournure tout à fait martiale et bat de la caisse comme si elle avait été dans la vieille garde.

Le capitaine est à ses fenêtres, avec son mousse derrière lui. Il regarde sortir les amazones et s'écrie:

— Elles sont fort gentilles. Je crois, mille sabords, qu'elles marchent au pas!

— Est-ce que ces dames vont se battre, mon capitaine?

— J'espère bien que non!

— Elles ont des carabines...

— C'est pour faire voir qu'elles seraient en état de se défendre si on venait nous attaquer.

— Est-ce qu'on doit assiéger le château, mon capitaine?

— Tais-toi, tu ne dis que des bêtises. Va t'occuper de ta cuisine et tâche de nous faire quelque chose de bon... de bien relevé. Tu sais que je n'aime pas les ragoûts fadasses.

— Oui, mon capitaine, vous aimez que ça vous altère... Mais qui est-ce qui m'aidera? Je ne peux pas éplucher les légumes, embrocher les volailles et tourner les sauces tout seul.

— Prends avec toi le jardinier et Nanon.

— Je prendrai le jardinier, mais pas Nanon; elle fourrerait ses doigts dans toutes les sauces.

Lundi-Gras va trouver le jardinier et lui dit:

— Père Flanquet, il s'agit de me servir de marmiton; vous allez venir faire la cuisine avec moi.

— La cuisine? mais je suis jardinier et je ne suis pas marmiton!

— Eh bien, et moi? est-ce que je suis cuisinier? Mais le capitaine m'a dit de faire le dîner, et je vais le faire, parce que je dois avant tout obéir à mon capitaine, et il me dirait: Apporte-moi un marsouin! que je partirais tout de suite pour en chercher; je ne sais pas où j'en trouverais, par exemple, mais j'irais tout de même.

— Est-ce que c'est pas assez de ma fille Nanon pour vous aider.

— Je ne veux pas de votre fille, elle ne m'écoute pas, j'ai voulu lui apprendre à battre la caisse, elle n'a jamais su faire qu'un mauvais roulement. On m'a donné le droit de vous prendre pour aide. Allons, père Flanquet, apportez-moi ce que vous avez de mieux en légumes; moi, je vais à la basse-cour casser le cou à deux ou trois poulets. Il y a des anguilles et des carpes dans le vivier... Saperlotte! je vais leur faire un Balthazar soigné.

Lundi-Gras tue plusieurs volailles qu'il emporte dans la cuisine. Là, il regarde avec admiration une immense rangée de casseroles de toutes les dimensions et toutes bien polies, bien luisantes: on se mirerait dans les cuivres. Il se promène

Les deux chiens ont oublié leur ancien métier de chasseur... (Page 58.)

devant les fourneaux, qui sont nombreux, puis il s'arrête à la grande cheminée, devant laquelle il est facile de mettre plusieurs rôtis, car, de ce côté, il faut avouer que nos ancêtres s'y entendaient mieux que nous ; ils avaient de superbes cuisines, vastes, commodes, des cheminées immenses où le tourne-broche pouvait contenir plusieurs pièces de gibier, et des fours pour la pâtisserie dans lesquels on aurait pu cuire du pain. Je crains que nous n'ayons dégénéré ; nous sommes peut-être plus friands, plus recherchés dans nos mets que nos pères, mais à coup sûr, nous mangeons moins.

Lundi-Gras s'affuble d'un tablier, il passe un grand couteau dans sa ceinture, puis tout à coup s'écrie :

— Et le bonnet de coton !... je n'ai pas de bonnet de coton ; un cuisinier sans bonnet de coton, c'est un gendarme sans buffleteries ; courons-en chercher un... le père Flanquet en porte toujours, il doit en avoir de rechange.

Lundi-Gras se fait donner un bonnet de coton et ordonne au jardinier d'ôter le sien et de mettre sur sa tête une casquette qu'il recouvre en papier blanc, parce que le cuisinier en chef ne veut pas que son aide soit coiffé comme lui. On se rend à la cuisine. Lundi-Gras permet à Nanon de venir allumer tous les fourneaux et de faire un grand feu dans la cheminée. Pendant que les fourneaux s'allument et que le père Flanquet épluche des légumes, le nouveau cuisinier se promène toujours dans la cuisine en se disant :

— Par où vais-je commencer !... je n'ai que l'embarras du choix... Et d'abord combien leur ferai-je de plats ? Trois rôtis... une oie et deux canards, un lapin en gibelotte, une matelote carpe et anguille, légumes de saison, asperges, petits pois... Pour dessert... un flan aux oignons ! c'est ça qu'est bon !... Père Flanquet, avez-vous des fruits ?

— Les cerises commencent à donner, et les fraises...

— Vous me donnerez de tout cela... Avez-vous du fromage à la crème?...

— Nanon a du lait, et du fameux ! c'est de notre vache.

— Très-bien, nous en ferons de la crème.

— Comment ça?... c'est trop clair.

— En mettant de la farine dedans, ça deviendra épais.

— Faut-il plumer l'oie et les canards ?

— Quelle question ? Est-ce que vous avez jamais vu manger une oie avec ses plumes ? C'est comme si vous me demandiez s'il faut dépouiller un lapin de sa peau...

— J'ai cru que les plumes de l'oie se brûlaient sur la bête en rôtissant.

— Il est bien certain qu'au feu les plumes disparaissent... Au fait... je crois que vous avez raison, c'est une idée, ça ! C'est pas la peine de plumer ces volailles. Nous les mettrons à la broche telles qu'elles sont. Nous les retournerons souvent et naturellement les plumes seront bientôt brûlées... Ça nous épargne une besogne inutile ! Et dire que Martine n'a pas pensé à cela !... Ces fameux cordons bleus, ça ne pense pas à tout ! Je lui communiquerai mon idée, je gage qu'à l'avenir elle ne plumera jamais ses volailles. Ah ! bigre ! et le potage auquel je ne pensais pas !... Quel potage vais-je leur fabriquer ?

— Une bonne soupe aux choux, dit le jardinier, c'est ça qui est du nanan !

— Non, le capitaine n'en est pas amateur !

— Eh bien, une soupe à l'oignon, c'est friand.

— Non, madame Pantalon ne l'aime pas. Ah ! une julienne ; on met là-dedans toute sorte de choses, n'est-ce pas ?

— Oui, toutes sortes de légumes.

— On peut encore y mettre autre chose... A Marseille, j'ai mangé de la soupe aux poissons, c'était fièrement bon !

— Bah !... des poissons dans la soupe !... est-ce qu'ils sont frits ?

— Non, ils cuisent dans la sauce... nous avons des goujons dans la pièce d'eau.

— C'est des ablettes et des savetiers.

— Ça m'est égal. Allez en pêcher et apportez-m'en pas mal. Voyons donc ce buffet, si Martine a tout ce qu'il faut pour assaisonner ses fricots... Ça, c'est du vin ordinaire... ça... hum ! bonne odeur... c'est du madère... ceci... de l'eau-de-

Ça, un sanglier ! oh ! le plus souvent... c'est un cochon ! (Page 59.)

vie ; mais cela ne suffit pas : il me faut du kirsch, du rhum, du rack !... je ne veux pas faire de la cuisine fadasse !... je veux que cela ait du goût, du montant... Je veux enfoncer Martine... Elle fait beaucoup d'embarras, la cuisinière, je vas rabattre son caquet ! Allons à la cave, et ne ménageons pas les spiritueux du capitaine.

Pendant que Lundi-Gras s'occupe du dîner, la petite troupe féminine se promène dans le village et dans les environs, annoncée par le tambour, sur lequel Martine exécute différentes marches. Le son de la caisse éveille l'attention des villageois, ils accourent pour savoir quelles sont ces troupes qui traversent leur pays, et poussent des cris d'étonnement en voyant ce petit détachement d'amazones, dont quelques-unes sont jolies, tandis que d'autres, peu favorisées par la nature, ont l'air très-gauche avec leur fusil qui les fatigue et qu'elles ne savent plus comment tenir.

Sur leur chemin, les indépendantes entendent dire :

— Tiens ! c'est une mascarade !...

— Non, ce sont des faiseuses de tours... des saltimbanques...

— Oui... elles font tambouriner pour annoncer leur spectacle.

— Mais non ; vous ne reconnaissez donc pas la dame du château, la nièce du capitaine ?

— Ah ! oui, c'est madame Pantalon qui est le caporal.

— Est-ce qu'elle veut encore nommer un garde champêtre ?...

— Mais non. Tenez, le père Farineux les suit par derrière, il est de la troupe.

— Ah ! la bonne farce... A la chienlit... lit !... lit !...

— C'est une nouvelle garde nationale !...

Le garde champêtre avait rencontré les amazones, et, au lieu de se fâcher, s'était mis à marcher avec elles, en leur criant :

— Mesdames, il est de mon devoir de vous protéger ; c'est M. le maire qui me l'a dit en me chargeant de vous accompagner, de peur qu'on ne vous insulte, parce que les habitants pourraient vous prendre pour des Cosaques.

Il avait donc fallu souffrir la compagnie du garde champêtre, ce qui avait beaucoup contrarié la petite troupe. Mais

bientôt au père Farineux s'étaient joints tous les gamins, tous les enfants du pays en état de marcher, et ils s'étaient mis, les uns à chanter pour accompagner le tambour, les autres à siffler ou à imiter le cri de différents animaux. Alors madame Pantalon avait ordonné la retraite, qui ne s'était pas opérée facilement, parce que les amazones étaient précédées et entourées d'une si grande quantité de marmaille, que souvent le tambour Martine était obligé de distribuer des claques et des coups de pied pour pouvoir avancer.

— Il me semble que nous ne faisons pas bien bon effet sur les habitants de la campagne, dit Elvina, qui marche au second rang, entre madame Boulard et madame Flambart.

— C'est que nous n'allons pas bien au pas, dit celle-ci. Madame Boulard, faites donc attention, vous partez du pied droit quand il faut partir du pied gauche.

— Ah ! madame, il s'agit bien de mon pied, c'est mon chignon qui part... je le sens qui se détache de dessous ma casquette... il faut absolument que je le rattache.

— Madame, quand on est sous les armes, on ne s'occupe pas de son chignon.

— Je vous trouve plaisante, avec vos : « sous les armes !... » Qui est-ce qui me prête une épingle à cheveux ?... Martine, en avez-vous une ?

— Madame Boulard, voulez-vous bien laisser notre tambour tranquille ! vous allez le faire jouer faux...

— Une épingle ! au nom de tout ce que vous avez de plus cher... Tout mon costume pour une épingle !...

— Ah ! bon, voilà les gamins qui chantent en marchant devant nous :

Malbrouck s'en va-t-en guerre,
Mironton, ton ton, mirontaine !

— Est-ce que c'est pour nous qu'ils chantent cela ? demande madame Grassouillet.

— Mais cela m'en a bien l'air...

— Bon, les voilà qui se mettent à siffler maintenant !... Ah ! la vilaine canaille !...

— Je crois que nous ferions bien de nous en retourner.

— Au pas, mesdames, au pas, donc !...

— Je m'en moque pas mal du pas !...

— Mon chignon va tomber...

— Mon Dieu, ôtez-le tout de suite, et que cela finisse !...

— Par le flanc gauche, marche !...

— Ah ! si elle nous parle de flanc, je n'y suis plus du tout !

Ces dames rentrent au château fatiguées, harassées et d'assez mauvaise humeur d'avoir entendu crier : A la chienlit ! sur leur passage.

— Ces paysans ne sont pas encore assez instruits pour nous comprendre, dit Cézarine.

— Non, dit madame Étoilé, il faut d'abord parler à l'esprit... c'est par des écrits que l'on éclaire les masses ! c'est notre journal qui nous ouvrira la voie du succès.

— En attendant, allons dîner, mesdames, car nous avons bien besoin de nous restaurer, et le porte-voix du capitaine nous appelle.

— Oh ! oui, ne le faisons pas attendre...

Les amazones se rendent dans la salle à manger. Le capitaine était à sa place.

— Allons donc, mes jeunes guerrières, dit-il, j'ai déjà sonné deux fois... Je suis curieux de manger de la cuisine de Lundi-Gras. Êtes-vous contentes de votre promenade ?

— Pas trop, mon oncle ; tous les enfants du village ont voulu nous accompagner, ainsi que le garde champêtre.

— C'est un honneur qu'on vous rendait.

— Nous nous en serions bien passées.

— Ma chère amie, les manifestations produisent toujours de l'effet sur les hommes et amusent infiniment les enfants.

— Le meilleur de notre promenade, dit madame Dutonneau, c'est que nous y avons gagné un grand appétit.

— Tant mieux ! voilà le potage, attention !...

Lundi-Gras, dans son costume de cuisinier, pose lui-même le potage sur la table, puis se tient derrière son maître pour juger de l'effet qu'il va produire. Après en avoir avalé une cuillerée, toutes les dames poussent un cri.

— Ah ! mon Dieu ! qu'est-ce que c'est que cela !...

— Quel singulier goût !...

— Ça sent le rhum !...

— Et qu'est-ce que je trouve avec ces légumes ?... un petit poisson...

— Moi, je trouve une saucisse...

— Moi, un cornichon...

— Voyons, mousse, quel potage nous as-tu servi là ?

— Mon capitaine, c'est une julienne à la marseillaise.

— Mais dans une julienne on ne met que des légumes !

— Pardon, mon capitaine, moi, j'y mets de tout ! c'est plus varié.

— Mais d'où vient ce goût de rhum qui accompagne tout cela ?

— Je sais que vous l'aimez, mon capitaine, et c'est pour que ça ne soit pas fadasse que j'en ai mis un petit filet dans ce potage.

Le capitaine ne dit trop rien, mais aucune de ces dames ne veut avaler cette julienne d'une nouvelle espèce. Lundi-Gras remplace son potage par un immense plat de matelote qui flambe comme du punch, et le pose sur la table en disant :

— Voilà qui, j'espère, plaira à toute la société. J'y ai mis le feu... c'est une vraie marinière.

On éteint le feu, on sert la matelote. A peine en ont-elles porté un échantillon à leur bouche que ces dames poussent un nouveau cri.

— Qu'est-ce encore ? demande le capitaine qui n'a pas goûté ; vous vous êtes brûlées ?

— Ah ! capitaine, ce n'est pas cela, mais il n'y a pas moyen de manger de ce plat... ça emporte la bouche...

— Goûtez-y, mon oncle... je gage que vous-même ne pourrez pas en avaler.

Le capitaine prend un peu de sauce et fait une terrible grimace ; cependant il s'efforce d'avaler tout, en disant :

— Qu'as-tu donc mis là dedans, Lundi-Gras ?

— Mon capitaine, c'est du poisson, de la pure anguille et de la pure carpe.

— Oui, mais avec quoi as-tu accommodé cela ?

— Ah ! mon capitaine, j'ai mis des oignons, du poivre, du piment, du vin, ensuite de l'eau-de-vie, du kirsch, du rack. Ah ! sapristi ! si ça n'a pas bon goût, vous êtes difficiles !...

— Mais, imbécile, tu as usé trop de tout cela... Moi, je parviendrais peut-être à m'y faire, mais pour ces dames, il n'y a pas moyen...

— Ah ! Dieu ! j'en ai avalé un peu, j'ai le palais emporté !...

— C'est peut-être le piment qui domine, dit Lundi-Gras ; mais c'est bien bon pour l'estomac...

— Emporte ta matelote, dit le capitaine, puisque ces dames ne veulent pas en manger... Et moi-même j'avoue qu'il faut une bouche à l'épreuve du feu pour supporter cette sauce-là. Voyons, cuisinier du diable, apporte-nous tes rôtis ; il faut espérer que tu ne les auras pas bourrés de piment, ceux-là !

— Oh ! soyez tranquille, capitaine, je n'ai pas mis la moindre chose dedans. Je vous les sers tels qu'ils sont venus au monde.

L'oie et les deux canards sont placés sur la table. Les dames, qui se défient de la cuisine de Lundi-Gras, regardent ses rôtis et leur trouvent une couleur bien foncée, et sur la peau une foule de petits points noirs qu'on n'a pas l'habitude de voir sur la volaille.

— Vos rôtis ont certainement brûlé, dit Cézarine, ils ont plus qu'un coup de feu.

— Je vous assure, ma capitaine, que ces bêtes n'ont pas brûlé du tout.

— Mais elles ont donc été bien mal plumées !... elles sont couvertes de tuyaux de plumes.

— Ah ! c'est que, ma capitaine, j'ai inventé un nouveau procédé !... on ne plume plus les volailles, on les rôtit avec leur plumage, qui naturellement se plume de lui-même, et c'est bien plus tôt fait.

— Voilà une manière de faire rôtir une volaille que je ne connaissais pas ! dit madame Flambart, mais je doute que cela donne bon goût au rôti.

— Voyons, dit le capitaine, découpons toujours.

Et le capitaine, qui s'en acquittait fort bien, découpe l'oie et les canards. Les dames, qui n'ont encore rien mangé, se jettent sur les volailles, espérant pouvoir enfin satisfaire leur appétit ; mais bientôt elles font la grimace et rejettent les morceaux qu'elles tenaient en s'écriant :

— Ah ! que cela sent mauvais !...

— Et c'est amer ! amer !...

— Qu'est-ce qu'il y a donc dans ces malheureuses bêtes ?

— Je vous jure, mon capitaine, que je ne les ai pas farcies !...

— Non, dit Cézarine, mais je gage que tu ne les as pas vidées !

— Vidées !... comment, cette oie, est-ce si vide !

— Quelle question ! tu veux nous faire manger tout ce qu'il y a dans le corps d'une volaille ?

— Pardon, j'ai cru que tout en était bon... je me serais bien gardé d'en ôter.

— Emporte cela, et donne-nous les légumes. Dieu merci, cela ne se vide pas. Allons, mesdames, nous ferons un repas d'anachorète, voilà tout !

— Oui, mais ce n'est pas restaurant.

On apporte les petits pois et les asperges. Mais au lieu d'une sauce blanche, c'est une sauce brune que Lundi-Gras place à côté des asperges.

— Qu'est-ce que tu as encore mis dans cette sauce-là ? demande le capitaine, elle devrait être blanche et elle est très-brune.

— Mon capitaine, elle n'en sera pas plus mauvaise... Je sais que vous aimez le chocolat ; j'en ai fait fondre quelques tablettes là-dedans...

— Des asperges au chocolat ! fi !... quel mélange !

— Apporte-nous vite de l'huile et du vinaigre... et ces petits pois, voyons !

— Ah ! ils sont à l'eau-de-vie.

— Il n'y en a que cinq petits verres pour leur donner du montant.

— C'est le bouquet !...

— Ah ! Lundi-Gras, tu ne feras plus la cuisine...

— Comme vous voudrez, mon capitaine; après tout, j'aime autant la manger que la faire.

Le flan aux oignons et la crème à la farine achèvent de désoler ces dames. Cézarine appelle Martine et lui dit :

— Tu nous feras à souper, et désormais nous ne t'enlèverons plus à tes fourneaux.

— Ma foi, dit la cuisinière, j'aime mieux ça que de battre la caisse... chacun son métier : on ne m'a pas appris la cuisine pour battre du tambour.

XX

Une cause à défendre.

Lorsque Cézarine a un moment de libre, elle va voir sa fille, elle embrasse la petite Georgette. Plus d'une fois elle a eu l'idée de la prendre avec elle au château; mais l'enfant n'a encore que quinze mois, elle est très-bien chez sa nourrice, qui en a grand soin, et qui d'ailleurs accourrait prévenir la mère si la moindre chose arrivait à son nourrisson.

Elvina accompagne presque toujours sa belle-sœur lorsque celle-ci va voir la petite Georgette; mais Elvina n'est plus gaie, vive, rieuse comme autrefois; le séjour du château lui semble monotone; elle ne veut pas travailler au journal; elle ne se rend pas exactement aux conférences des indépendantes, et pendant que celles-ci élaborent toujours leur acte de constitution, qu'elles ne terminent jamais, Elvina fait un signe à la jeune femme de chambre et, avec Aglaé, va se promener dans les environs du château.

La jeune fille ne se doute pas qu'il y a dans la campagne quelqu'un qui la guette, qui brûle d'envie de l'aborder, de lui parler, mais qui n'ose pas, parce que son frère le lui a défendu. Cependant une fois Gustave y tient plus, il se dit :

— Je ne lui parlerai pas... d'ailleurs, si je lui parle, je me souviendrai de ce que Frédéric m'a recommandé... je ferai semblant de ne plus être amoureux d'elle.

Et au détour d'un sentier il se trouve devant Elvina et sa servante. La sœur d'Adolphe pousse un cri qui n'annonce pas de l'effroi. Elle sourit à Gustave en lui disant :

— Ah! c'est vous, monsieur Gustave, vous dans ce pays?... Par quel hasard?... Est-ce que vous veniez nous voir?

— Oh! non, mademoiselle, répond Gustave en affectant un air froid et réservé... je me garderai bien de me représenter chez madame Pantalon... qui a quitté son mari!... et s'est entourée de dames qui ne font autant qu'elle. Je sais que les hommes sont très-mal vus par ces dames... que votre belle-sœur a toujours été peu aimable avec mon frère, et moi-même, je n'étais pas dans ses bonnes grâces; chaque fois que je tâchais de causer avec vous, elle s'empressait d'y mettre obstacle. Vous voyez donc bien que je ne puis songer à me présenter au château.

— Mais alors... que venez-vous faire à Brétigny?

— Mon frère connaît quelqu'un près d'ici... je l'ai accompagné.

— Ah! monsieur votre frère est avec vous?

— Oui, mademoiselle.

— Voit-il souvent Adolphe?

— Oui, mademoiselle.

— Et mon frère se trouve-t-il plus heureux depuis que sa femme s'est séparée de lui?

— Je ne sais pas s'il est plus heureux, mais à coup sûr il est plus tranquille. Ah! mademoiselle, si vous étiez restée avec votre frère, qu'il m'eût été doux d'aller souvent vous voir... de faire de la musique avec vous... de vous dire... tout ce que je pensais alors!...

— Est-ce que vous n'en pensez plus de même à présent?

— A quoi me servirait d'aimer une personne à laquelle on apprend à nous regarder comme des tyrans, des esclaves... ou des imbéciles, ce qui revient au même? car il faut qu'un homme soit à peu près imbécile pour consentir à être esclave.

— Mais, monsieur, on ne m'apprend pas cela.

— Mais à peu près, mademoiselle. Madame Pantalon se croit capable de tout faire, de remplir tous les emplois. Alors

même que la nature lui aurait donné toutes les capacités, était-ce une raison pour traiter son mari comme elle l'a fait, pour chercher sans cesse à l'humilier? Mademoiselle, les femmes ne se doutent pas de tout ce qu'elles perdent en grâces lorsqu'elles veulent jouer le rôle d'homme. Et comment passez-vous votre temps au château, mademoiselle?

— J'apprends à monter à cheval, à faire des armes, de la gymnastique... Ces dames écrivent, elles font un journal... Le premier numéro est à l'impression.

— Et vous, mademoiselle, travaillez-vous aussi à ce journal?

— Non, monsieur, je ne me sens pas le talent d'écrire... Monsieur votre frère est-il toujours médecin?

— Oui mademoiselle, médecin dans l'occasion. Madame Pantalon exerce aussi la médecine, à ce qu'on m'a dit dans le village?

— Oui, Cézarine se prétend aussi savante qu'un docteur.

— Et vous avez fait une promenade militaire dans le pays?

— Vous savez aussi cela?

— On en a assez parlé dans le village!

— Et qu'en disait-on?

— Ah! mademoiselle, dispensez-moi de vous le dire.

— Non, non, au contraire, je veux le savoir... je vous en prie, monsieur Gustave!

— Eh bien, on vous a trouvées ridicules... plus que ridicules même...

— Ah! je m'en doutais! je ne voulais pas en être, de cette promenade, mais ma sœur l'a exigé.

Elvina baissa les yeux, toute rouge et toute confuse, en entendant Gustave lui répondre :

— Vous voyez où vous entraînent ses conseils... Le ridicule, c'est ce qu'il y a de plus à craindre en France... vous ne l'auriez jamais connu chez votre frère en vous occupant de musique, de broderie, de tous ces talents charmants dans lesquels les femmes excellent, et qui les rendent encore plus séduisantes à nos yeux.

— Quoi! vraiment, monsieur, vous aimez mieux une femme qui brode et qui fait de la tapisserie qu'une femme qui fait des armes et monte à cheval!

— Oh! oui, mademoiselle : non que je proscrive absolument chez une dame ces exercices qui peuvent l'amuser, lui être agréables; une personne de votre sexe peut se livrer quelquefois au plaisir de l'équitation, ou bien encore tirer, par hasard, sur quelques poupées pour montrer son adresse. Mais si elle en fait son habitude, si pour ces jeux masculins elle néglige les travaux fins, délicats, mignons, apanage de son sexe, alors, mademoiselle, ce qu'elle gagne en force et en courage, elle le perd en grâce et en charme; tout ce qui la rapproche de l'homme l'éloigne de la femme.

— Vous me quittez, monsieur?

— Il le faut bien.

— Et vous ne me dites rien... de plus?

— Je ne puis rien dire à celle qui a préféré madame Pantalon à son frère, car c'était me prouver qu'elle ne pouvait pas m'entendre!

Et faisant un effort sur lui-même, Gustave s'éloigne très-vite, car, s'il restait, il sent bien qu'il se jetterait aux genoux d'Elvina en lui jurant un amour éternel. Mais son frère lui a fait comprendre que ce ne serait pas le moyen de la corriger.

Elvina est restée triste et pensive; elle regarde Gustave s'éloigner; elle espère qu'il va revenir sur ses pas, mais il continue son chemin et disparaît. Alors elle se décide à retourner au château.

— Il est bien gentil, ce jeune homme-là, dit Aglaé en suivant sa maîtresse. Je le reconnais bien; il venait à Paris chez monsieur votre frère.

— Oui, c'est M. Gustave Duvassel; mais, écoute, Aglaé, il ne faudra pas parler au château de cette rencontre... à personne, entends-tu? parce que... parce qu'il ne faut pas en parler... On m'empêcherait peut-être de sortir si on savait que ce jeune homme est dans le pays.

— Soyez tranquille, mademoiselle. Oh! je sais me taire quand il faut; et, franchement, on ne s'amuse pas assez au château pour ne pas se ménager au moins quelques petites distractions.

Fouillac revient de Paris ; il apporte des exemplaires du fameux journal. Le *Perce-Oreille* est fort bien imprimé, sur de beau papier ; la couverture de couleur citron est satinée ; les caractères ressortent fort bien dessus ; cela se voit de loin. Les dames journalistes sont enchantées ; chacune d'elles saisit un exemplaire et s'empresse d'y chercher l'article dont elle est l'auteur, et qui lui semble d'une très-haute portée depuis qu'il est imprimé.

On remercie, on félicite Fouillac pour tous les soins qu'il a donnés à cette affaire. Il met un terme à ces remerciements en tirant de sa poche la note de ce qu'il a payé pour le papier, l'impression, la fabrication, le transport, les affiches et les annonces dans les journaux ; tout cela monte à la somme de quatre mille six cent cinquante francs. Ces dames sont un peu moins enchantées.

— Eh ! mesdames, que nous importe cette dépense ! s'écrie Cézarine ; c'est de l'argent bien placé, puisque cela nous en fera gagner quatre fois !... bah ! dix fois autant. Mon cher Fouillac, combien avez-vous fait tirer de *Perce-Oreille* ?

— Trois mille.

— Trois mille !... mais ce n'est pas assez !... c'est dix mille, c'est quinze mille qu'il faut avoir pour le répandre partout, à Paris et dans la province ! Il sera même nécessaire, je pense, d'en donner quelques-uns gratis.

— Oh ! non-seulement c'est nécessaire, mais c'est indispensable.

— Eh bien alors, cher monsieur Fouillac, il faudra aller jusqu'à Noyon pour commander un nouveau tirage du *Perce-Oreille*, et bien plus considérable.

— C'est très-facile ! Je prendrai la calèche et j'irai après le déjeuner.

— Nous abusons de votre complaisance, monsieur Fouillac ?

— Je vous ai dit que j'étais à vos ordres !... Se faire l'esclave des dames, je ne connais pas d'emploi plus agréable.

— Ah ! si tous les hommes vous ressemblaient !... Mais vous êtes peut-être le seul de votre espèce !...

La vue de leur article imprimé enflamme ces dames d'un beau zèle ; chacune veut écrire maintenant, et celles qui n'ont fait dans le premier numéro que de petits articles, très-courts, veulent prendre leur revanche en fournissant plusieurs colonnes au *Perce-Oreille*.

Quelques jours après le retour de Fouillac, Aglaé va dire à madame Pantalon qu'un habitant du village demande à lui parler.

— Est-ce que c'est encore un malade ? s'écrie Cézarine ; s'il a un clou, je ne veux pas le recevoir.

— Non, madame, il n'est pas malade, celui-là, il n'a pas l'air malheureux, il dit qu'il voudrait vous consulter pour un procès.

— Un procès ! oh ! c'est bien différent ! fais-le vite entrer, alors... Une cause à défendre !... mais c'est ce que je brûlais d'avoir depuis longtemps, et pour cela je n'ai pas besoin de l'avis de mon comité. Va chercher le plaideur, c'est dans mon cabinet que je veux le recevoir.

Aglaé amène bientôt un vieux paysan, à l'air sournois et cauteleux, qui salue à chaque instant, et qui est tout voûté à faire croire qu'il est bossu. Il s'appuie sur un vieux bâton de coudrier, bien qu'il paraisse encore vigoureux, mais il traîne ses paroles comme ses pas.

Cézarine lui indique une chaise en disant :

— Asseyez-vous, monsieur.

— Oh ! madame est bien honnête... C'est pas la peine... je peux parler debout !...

— Mais non, je ne veux pas que vous restiez debout... asseyez-vous, vous dis-je...

— Je n'oserons jamais devant madame...

— Ah ! sapristi ! asseyez-vous, ou je vous fais flanquer à la porte !...

Le paysan s'assied, tient son bâton entre ses jambes, son chapeau sur ses genoux, et regarde le plafond.

— Comment vous nommez-vous, d'abord ?

— Crapoussier, pour vous servir...

— Vous êtes de Brétigny ?

— Je suis de Noyon, mais je sommes venu habiter Brétigny depuis que j'y avons acheté quelques bouts de terrain.

— Et vous avez un procès ?...

— Eh mon Dieu, oui !... Je ne les aime guère pourtant ; mais il y a des gens qui sont si peu raisonnables !

— Voyons, expliquez-moi votre affaire.

— Je vas vous conter ça... car vous êtes avocate, n'est-ce pas ?

— Soyez tranquille, je plaiderai votre cause tout aussi bien et mieux que beaucoup d'avocats !

— Et gratis... On m'a ben dit que vous y alliez gratis... C'est un monsieur de Paris... que j'avais rencontré chez le père Matois, qui m'a dit : Mais allez donc au château consulter madame Pantalon ; elle vous plaidera votre affaire sans vous demander d'honoraires... Alors, moi, je suis tout de suite venu.

— Ah ! c'est un monsieur de Paris qui vous a dit cela... Ce doit être M. Fouillac ?

— Je ne sais pas son nom.

— N'importe, il ne vous a pas trompé, je ne fais pas payer mes services. Mais expliquez-moi donc votre affaire.

— M'y v'là ! Nous disons que j'ai un terrain tout à côté de celui de François Lupot... un laboureur qui est ben plus riche que moi... vu que je ne le suis pas... et c'est vilain à lui de chicaner un pauvre homme, qui est tout seul avec sa servante et ses vaches, tandis que lui il a sept enfants, sans compter sa femme, qui est capable de lui en faire encore... et ses chiens et ses parents...

— Arrivez donc à votre procès.

— J'y arrive tout doucement. C'est que, voyez-vous, ça date de loin... parce que les procès, faut pas croire que ça vient tout seul et tout naturellement : oh ! que nenni ! ça se manigance de ben longtemps d'avance.... et je sommes ben sûr que François Lupot se disait depuis des années : « Faut que je fasse un procès au père Crapoussier... ça me réjouira. »

— Pourquoi pensez-vous cela ? Ce François Lupot avait-il des motifs de haine contre vous ?

— Peut-être ben ! on ne sait pas !... D'abord, une fois je lui avais prêté mon cheval il me l'a rendu boiteux ; vous sentez que je l'ons attaqué en justice pour cela... il a été condamné à me payer dix écus. Une autre fois, il a un arbre qui penche sur mon mur et qu'il me fait pas écheniller ; ça pouvait me donner un pauvre homme, qui est tout seul avec sa servante au maire pour ça. Une autre fois, en passant devant ma maison, sa charrette se brise, une roue écrase deux de mes dindons qui se promenaient par là. Ah ! dame ! je l'ai encore attaqué pour qu'il me paye mes dindons...

— Dans tout cela, il me semble que c'est toujours vous qui faites des procès à votre voisin.

— Oui, mais c'était lui qui en était cause, c'est lui qui me faisait des méchancetés !... Oh ! c'est un finaud !... un renard !... mais cette fois c'est lui qui a commencé, le sournois !... et vous allez voir comme c'est mal de sa part !

— J'attends que vous arriviez à la cause de votre débat.

Le paysan plaideur continue :

— Mon terrain n'était séparé de celui de Lupot que par un petit sentier où il ne poussait rien... j'avons planté des pommes de terre au bord... de mon côté seulement les pommes de terre se sont étalées... c'est pas ma faute ! mais François Lupot a déjà commencé à dire que j'empiétais sur son terrain... c'est pas vrai ! et d'abord le sentier n'est pas plus à lui qu'à moi. Comme mes pommes de terre gagnaient toujours, j'avais repoussé le sentier plus en avant... fallait bien qu'on puisse passer. Mais ce chicanier de Lupot a dit que je faisais le sentier sur son terrain et qu'alors il avait le droit de manger mes pommes de terre... Ah ! j'entends pas ça ! s'il touche à mes légumes, c'est un voleur... et faut qu'il me les paye... et il y a touché... j'avons vu ses enfants en déterrer à mon nez et à ma barbe... et il ne veut pas me les payer... mais vous concevez ben que ça ne peut pas se passer comme ça !... je lui ai dit : « Paye-moi mes pommes de terre !... » et il a eu le front de me répondre : « Rends-moi mon terrain !... » »

« Moi, je dis que ce terrain, c'est le sentier, et je ne rendrai rien du tout! V'là l'affaire, nous nous sommes déjà envoyé des *assommations* sur du papier marqué... puis il a été se plaindre à Noyon, et le juge de paix, ou le greffier, ou le commissaire m'a envoyé ce papier par lequel il faut que j'aille y expliquer ma cause dans deux jours... et je voudrais ben vous y voir aller à ma place... Tenez, v'là toutes les paperasses que j'avons déjà échangées; ça vous expliquera comme quoi je suis innocent et que c'est Lupot qui a tort. Avez-vous bien compris?

— Oui, oui, j'ai bien compris... je ne suis pas bien persuadée que vous êtes dans votre droit...

— Oh! si vous n'en êtes pas persuadée, c'est que vous n'avez pas compris. Je vous dis que le sentier n'est pas à Lupot!

— Ah! si l'on peut prouver cela!...

— Mais à coup sûr qu'on le prouvera, puisque depuis longtemps mes vaches allaient s'y promener et y faire... leurs nécessités... et Lupot ne soufflait pas mot, preuve que mes vaches étaient dans leur droit!...

— Très-bien, donnez-moi tous ces papiers... je vous ferai gagner votre cause...

— Ah! ça y est, et vous me ferez avoir un dédommagement pour les pommes de terre qu'on m'a volées?

— Je l'espère. Est-il long, ce sentier qui a causé tout ce différend?

— Hum!... pas ben long... pas ben court non plus... il peut avoir comme quatre-vingts à cent mètres de long.

— Diable! c'est quelque chose!...

— Et vous irez après-demain à ma place à Noyon?

— J'irai. Vous pouvez compter sur moi. Je déploierai mon éloquence... et vous gagnerez votre cause, j'en suis assurée...

— Ah! morgué!... je suis alors capable de vous donner... une fameuse poignée de mains!... Au revoir, mon cause! L'affaire est pour midi; je reviendrai ici dans deux jours sur le soir; vous serez revenue?

— Oh! bien avant... Ah! où est votre terrain, je ne serais pas fâchée de voir votre sentier et vos pommes de terre?

— Madame n'aura qu'à demander, à la première maison du village, le terrain ou la demeure du père Crapoussier; on lui indiquera tout de suite... Ce sera toujours gratis, n'est-ce pas, madame?

— Mais moi, est-ce que je me fais payer, moi!...

Le villageois s'éloigne à reculons et en saluant toujours. Cézarine est enchantée d'avoir une cause à défendre; elle va donc faire ce que faisait son mari; elle va exercer la profession d'avocat. Elle se met sur-le-champ à compulser les papiers que le paysan lui a laissés, elle consulte le Code, elle l'explique de façon à ce qu'il soit favorable à sa cause, et en cela elle imite parfaitement la conduite des avocats. Ces jours-là, les travaux du *Perce-Oreille* sont entièrement abandonnés. Madame Pantalon, n'étant pas bien certaine qu'elle saura improviser, écrit d'abord un petit brouillon de son plaidoyer en faveur du père Crapoussier, dont on ne craint pas de voler les pommes de terre.

Puis elle lit à ses adeptes ce morceau plein d'éloquence, dans lequel elle cite Caton, Aristote, Cicéron et jusqu'à Sénèque! Tout cela à propos de pommes de terre que ces grands hommes n'avaient pas l'avantage de connaître. Mais Cézarine avait véritablement de belles dispositions pour être avocat; elle avait eu envie de remonter jusqu'au déluge; de parler de Noé et de l'arche sainte; mais elle s'était arrêtée en se disant: Pour la première fois, modérons mon éloquence; il faut garder quelque chose pour la seconde cause.

Les indépendantes trouvent le plaidoyer magnifique et sont certaines que son client gagnera sa cause.

Le lendemain, madame Pantalon va visiter le terrain du père Crapoussier, qui lui montre un sentier dans lequel il est impossible que deux personnes marchent de front. Mais il explique que c'est la faute des pommes de terre qui s'étalent toujours d'elles-mêmes sans qu'on s'en aperçoive. Cézarine, que cela n'amuse pas de marcher dans les légumes, se contente de cette explication et quitte le paysan, en lui promettant qu'elle lui gagnera sa cause.

Le jour suivant, à midi, l'avocat femelle était à Noyon, accompagnée de mesdames Étoilé et Flambart, qui avaient voulu être témoins de son triomphe. Les juges paraissent fort étonnés en voyant une dame se présenter pour défendre la cause du père Crapoussier. Cependant ils lui octroient galamment la parole, et madame Pantalon en use, son plaidoyer dure plus d'une heure. On ne l'a pas interrompue, on semblait curieux de l'entendre. Lorsque enfin elle a fini, François Lupot s'avance; celui-là n'a point d'avocat: il vient se défendre lui-même, il explique son affaire en peu de mots, car il ne cite ni Cicéron, ni Caton, mais il apporte un plan de son terrain, qui est vérifié et certifié juste par les experts de la ville; on y voit ce qu'était jadis le sentier qui sépare les deux propriétés et qu'il est maintenant. C'était là le point important de la cause.

En recevant ce plan, le président du tribunal dit:

— Il faut que nous examinions cela avec soin. Nous ne rendrons notre jugement que demain.

Alors Cézarine s'en retourne au château avec ses deux compagnes, qui lui disent:

— C'est désagréable que le jugement ne soit pas rendu tout de suite. Mais vous pouvez être certaine que votre cause est gagnée.

— Vous croyez, mesdames!

— Ce n'est pas douteux! reprend madame Flambart; si vous aviez pu voir l'air surpris, étonné, épaté des juges en vous écoutant! C'était vraiment un tableau à faire. Mais vous avez été magnifique! vous avez parlé cinquante-deux minutes sans vous arrêter!

— Cinquante-sept, madame, j'avais ma montre, je les ai comptées.

— Trouvez-moi beaucoup d'hommes qui en fassent autant!

— Il y en a, mais ils sont rares!

— Quand il s'agira de parler longtemps et sans s'arrêter, les femmes auront toujours l'avantage.

Le capitaine dit à sa nièce:

— Puisque tu es aussi avocat, il faudra te faire faire une robe comme ils en portent.

— Non, mon oncle, je m'en garderai bien! s'écrie Cézarine. Je veux être avocat sans robe, je ne veux en rien ressembler à ces messieurs.

Pendant toute la soirée, madame Pantalon reçoit les félicitations de ses amies, et Fouillac, qui a été apprendre au père Crapoussier que le jugement ne serait rendu que le lendemain, mais qu'il peut être tranquille sur l'issue de son procès, revient dire à Cézarine que le paysan compte bien venir lui-même lui faire ses remerciements dès qu'il sera revenu de la ville, où il se rendra pour être instruit le premier de la teneur du jugement et savoir à quelle amende est condamné François Lupot pour lui avoir mangé de ses pommes de terre.

On attend le lendemain avec impatience.

Sur les deux heures de l'après-midi, Cézarine dit:

— Le jugement doit avoir été rendu depuis une heure, et sans doute nous ne tarderons pas à voir arriver le père Crapoussier.

En effet, un quart d'heure après, le villageois entrait au château; mais ce n'était plus comme la veille, en se tenant courbé et en saluant tout le monde.

Cette fois, il ne salue personne, monte le perron, entre au rez-de-chaussée en gardant toujours son chapeau sur sa tête et frappe le parquet de son gros bâton, en criant d'un air furieux:

— Ous qu'elle est, cette madame Pantalon?... cette avocate de deux liards... qui vous répond qu'elle vous fera gagner votre procès, et qui, au lieu de cela, vous enfonce dans le pétrin, que je ne sais plus comment m'en tirer?... Ous qu'elle est, que je lui dise son fait?... C'est pas permis d'attraper le monde comme ça!... Il est gentil son *gratis*! J'aimerais bien mieux avoir payé un avocat pour de bon, qui m'aurait fait gagner ma cause, que de m'être mis dans les mains de quelqu'un qui ne sait pas plaider.

Cézarine arrive avec plusieurs de ses amies, et, en apercevant le père Crapoussier, lui dit:

— Eh bien, vous êtes content?

— Content! content!... Ah! jarni! est-ce que vous vous moquez, madame la bavarde? C'est pas assez de m'avoir fait perdre mon procès, vous voulez vous gausser de moi!...

— Perdre votre procès! vous avez perdu votre procès?

— Oui, oui... Dame! il paraît que vous avez parlé une heure sans vous arrêter..., ça les a ennuyés, ces juges... et il y avait de quoi... vous leur disiez un tas de bêtises qui n'avaient aucun rapport avec mon affaire...

— Paysan, vous êtes un sot; tâchez d'être poli... sinon... A cette apostrophe de Cézarine, notre paysan se rebiffe.

— Un sot! ah! ça, oui, je l'ai été de me fier à vous, de croire qu'une femme entendait quelque chose aux affaires de la chicane... Il n'a pas été si bête que moi, Lupot : il s'est défendu tout seul. Et savez-vous ce qu'il dit, le maudit jugement? Il me condamne à cent écus d'amende pour avoir planté sur un terrain qui ne m'appartenait pas. Cent écus!... quelle horreur! et de plus, il faut que je recule mes pommes de terre de deux mètres... soi-disant pour que le sentier se retrouve à sa place... Mes pommes de terre ne voudront jamais reculer! je les connais!... C'est ma ruine que ce jugement-là!...

— Votre ruine!... allons donc! on m'a dit que vous étiez le plus riche du village.

— Ceux qui disent ça ont menti!... Reculer mes pommes de terre, payer cent écus à Lupot... et puis les frais du procès!... j'en aurai le choléra-morbicus!... Et c'est vous, avocate de malheur, qui êtes cause de tout ça!... Quand on ne sait pas faire gagner les gens, on ne se charge pas de leurs affaires... Lupot m'a dit que vous aviez parlé de M. Ciron, de M. Sénègue!... Est-ce que je connais ces gens-là, moi? est-ce qu'ils pouvaient connaître quelque chose à mes pommes de terre?... Vous avez dit des bêtises!... Vous feriez ben mieux de soigner vot' pot-au-feu que de faire l'avocat!...

— Vous êtes un insolent! Allez-vous-en bien vite...

— Insolent!... Ah! mais pas de gros mots... je ne suis pas endurant!

— Lundi-Gras! Lundi-Gras!...

— Voilà, ma capitaine!...

— Mets cet homme à la porte sur-le-champ, s'il résiste, rosse-le!...

— Oui, ma capitaine... Allons! dehors, toi! filons vite!...

— Qu'est-ce que c'est!... On veut me faire à présent!... Il ne manquerait plus que ça! Ah! on dit qu'on vous traitera gratis et on vous rosse!

Le paysan veut résister, il fait mine de lever son bâton; mais Lundi-Gras est encore solide. Il arrache le bâton au villageois, le pousse devant lui, le fait ainsi sortir du château, puis lui jette son bâton à travers les jambes en lui disant :

— Qu'on ne te revoie plus, ou ton bâton servira pour te rosser.

Pendant que le père Crapoussier s'en va en jurant et vociférant contre madame Pantalon, celle-ci se retire dans sa chambre, très-vexée du résultat que vient d'avoir la première cause qu'elle a défendue.

XXI

Une partie d'eau. — Fouillac spéculateur.

L'affaire du procès avait jeté quelque tristesse dans la société réunie au château; mais madame Grassouillet, qui voulait avant tout se procurer quelques amusements, dit le lendemain :

— Mesdames, nous travaillons à notre journal, c'est fort bien; mais on ne peut pas toujours travailler. On nous a promis ici une foule de divertissements, tels que la pêche, la chasse; pêcher est un plaisir trop tranquille, la chasse n'est pas encore de saison. Mais il y a une belle pièce d'eau au bout du jardin; elle est même assez étendue et dans plusieurs endroits côtoie de petits rochers, des grottes : c'est très-pittoresque. Eh bien, nous n'avons pas encore eu l'idée d'aller nous promener en bateau sur ce petit lac... Je propose, moi, une promenade sur l'eau après dîner.

— C'est une charmante idée!...

— Oh! moi, je ne vais pas sur l'eau, dit madame Vespuce, je ne sais pas nager et on peut se noyer...

— Est-ce que l'on pourrait vraiment s'y noyer?... Cézarine, est-elle profonde, votre pièce d'eau?

— Mais non, quatre pieds à peu près... Il n'y a pas de danger.

— Merci! quatre pieds! j'en aurais par-dessus le nez, dit Zénobie... Je n'irai pas!

— Mon Dieu, mesdames, ne vous inquiétez pas; il faut d'abord savoir s'il y a assez de bateaux pour nous porter toutes. Aglaé, faites venir Lundi-Gras.

— Lundi-Gras, combien y a-t-il de bateaux sur le lac?

— Trois, ma capitaine.

— Combien peuvent-ils contenir de personnes?

— Huit chacun.

— C'est plus qu'il ne nous en faut... Et ils sont tous en bon état?

— Non, ma capitaine; le vert est tout défoncé, le bleu a un côté endommagé... mais le rouge est parfaitement entretenu.

— Sapristi! il fallait donc nous dire tout de suite qu'il n'y en avait qu'un pour nous toutes. Et dans celui qui reste on ne peut tenir que huit?

— Ou neuf, ou dix en se pressant un peu.

— C'est assez, celles qui ne seront pas de la première promenade seront de la seconde.

— Moi, dit madame Dutonneau, je réclame l'emploi de batelier; je rame parfaitement, j'ai souvent conduit des bateaux, je ferais voguer une galiote.

— Fort bien, c'est convenu, vous serez notre batelier. Lundi-Gras, tu iras reconnaître si le bâtiment est en bon état.

— Soyez tranquille, ma capitaine.

Après le dîner, ces dames, qui ont toutes revêtu un saute-en-barque, courent à la pièce d'eau. Lundi-Gras les y attendait et se tenait près du bateau pour aider la société à y entrer. Il a placé une planche qui sert de pont, afin que l'on puisse arriver dans la barque sans se mouiller les pieds. Quant à lui, il se tient dans l'eau jusqu'aux épaules pour veiller au passage des dames. Mais l'eau est son élément, il se trouve bien là-dedans.

La batelière, la superbe madame Dutonneau, a sauté dans le bateau. Après elle sautent Cézarine, madame Étoilé, madame Boulard, madame Bouchetrou, madame Grassouillet, la veuve Flambart et deux demoiselles majeures, qui prétendent nager comme des carpes. Cela fait neuf personnes, et Lundi-Gras a soin de leur dire :

— Tenez-vous toujours au milieu du bâtiment, ne vous portez pas toutes du même côté, sinon vous feriez chavirer la chaloupe!... En tout cas, soyez sans crainte; si vous tombiez dans l'eau, je vous repêcherais.

Mais comme ces dames aiment mieux ne pas être repêchées, elles se tiennent fort tranquilles sur les bancs placés en travers dans le bateau. Madame Dutonneau a pris les rames : elle s'en sert fort bien, elle fend l'eau, elle passe dans les endroits les plus étroits, tourne autour des petites îles qui enjolivent le lac. La société est enchantée, on crie :

— Honneur à notre batelière!

— Vivent les femmes pour savoir conduire leur barque!...

— Madame Dutonneau serait digne des galères!

— Comment! des galères?

— J'entends par là qu'elle doit ramer mieux qu'un galérien.

— Ah! la jolie promenade!

— Moi je passerais volontiers ma vie sur l'eau.

— Et ces poltronnes qui ont peur. Ah! comme nous nous moquerons d'elles au retour!

Cependant, enorgueillie par les éloges qu'elle reçoit, madame Dutonneau, pour montrer son adresse, veut tourner vivement, devant un petit rocher qui, en cet endroit, borde le rivage; mais soit qu'elle n'ait pas pris assez de large, soit que le rocher ait plus d'avance sous l'eau, la petite embarcation touche violemment sur l'écueil; il n'en résulterait aucun mal, si les personnes qui sont dans le bateau se tenaient tranquilles; mais au choc qui s'est fait sentir, elles ont peur et se sont toutes précipitées de l'autre côté de la barque, alors ce que Lundi-Gras avait prévu est arrivé : le poids de ces dames fait chavirer le léger bâtiment, et toutes celles qui étaient dessus tombent dans l'eau.

Aux cris qu'elles ont jetés, Lundi-Gras, qui, du rivage, ne perdait pas la barque de vue, s'est aussitôt précipité dans l'eau, et va porter secours à celles de ces dames qui ne savent pas nager. Cézarine et ses amies ont déjà, sans l'aide du vieux mousse, gagné la terre ; mais les demoiselles majeures, qui prétendaient nager comme des carpes, poussent de grands cris et appellent à leur aide. Lundi-Gras les a bientôt saisies ; il en met une sur son dos, pousse l'autre devant lui, et bientôt ces fausses carpes sont hors de danger.

Cézarine regarde alors autour d'elle en disant :

— Voyons, tout le monde est-il repêché ? Il me semble que oui...

— Et madame Boulard ? dit Paolina, je ne la vois pas.

— Ah ! mon Dieu ! vous aviez raison ; madame Boulard est encore dans l'eau... Lundi-Gras !

— Holà ! Lundi-Gras !...

— Mon Dieu, est-ce qu'il pique une tête ?

— Lundi-Gras... où es-tu ?

— Me voici, ma capitaine.

— Vite ! vite !... il faut repêcher madame Boulard...

— Soyez tranquille, ma capitaine, je vois quelque chose qui grouille là-bas... c'est une main qui sort de l'eau : ça doit être la dame qui vous manque... je vas vous l'apporter.

Lundi-Gras se rejette dans la pièce d'eau et arrive bientôt à l'endroit où il a vu un bras ; c'était, en effet, celui de madame Boulard : la pauvre femme, qui avait de l'eau par-dessus la tête, commençait à perdre la respiration. Le mousse se hâte de l'élever de façon à ce qu'elle ne boive plus. Il veut gagner le rivage avec son fardeau, mais madame Boulard s'écrie :

— Non ! non !... pas encore... et mon chignon... j'ai perdu mon chignon dans l'eau... il faut que je le retrouve... cherchons mon chignon...

— Mais, madame, comment voulez-vous que nous retrouvions des cheveux dans l'eau ?... les poissons les avaleront...

— Non, non, je veux mon chignon... je vais me mettre à califourchon sur vos épaules, vous nagerez et moi je chercherai mon superbe chignon... il m'avait coûté quarante francs... et il en valait cent !... Nagez, matelot, nagez !... c'est votre état, vous nagez parfaitement... moi, je suis très-bien sur votre dos...

Sur le rivage, on est étonné de ne point voir revenir Lundi-Gras avec madame Boulard. Cependant on n'a plus de craintes pour cette dame, car on l'aperçoit dans l'eau, à cheval sur le dos du vieux mousse ; de loin, cela produit l'effet d'une sirène. C'est tout à fait original.

— Qu'est-ce que cela signifie ? dit Cézarine. Est-ce qu'elle veut apprendre à nager ?... Mais elle éreinte ce pauvre Lundi-Gras ; et puis enfin, nous ne pouvons pas rester là plus longtemps pour l'attendre, car il faut que nous allions changer...

— Nous sommes trempées, tant pis, allons changer.

— Lundi-Gras !... Lundi-Gras !... as-tu bientôt fini de promener madame Boulard dans l'eau ?... Arrive ici, je te l'ordonne !... Est-ce que madame Boulard te prend pour un dauphin ?...

Le vieux mousse n'a jamais désobéi à la voix de celle qu'il appelle sa capitaine ; aussi se dirige-t-il cette fois vers le rivage malgré les prières de madame Boulard, qui s'écrie :

— Je crois que je le voyais... C'est une anguille qui jouait avec...

— J'en suis bien fâché, madame, mais ma capitaine m'appelle, et je suis à ses ordres ; d'ailleurs voilà la nuit qui vient, et il n'y aurait plus moyen de trouver votre chignon.

Madame Boulard revient à terre désolée ; elle explique à la compagnie ce qu'elle faisait dans l'eau. Au lieu de la plaindre et de partager sa douleur, ces dames se permettent d'en rire, et la jolie Amandine lui dit en souriant :

— En vérité, madame, vous avez du malheur avec vos chignons... À votre place, je les supprimerais de ma coiffure...

— Les supprimer !... les supprimer !... s'écrie la grosse petite femme d'une voix où perce la colère. Ah ! j'aimerais mieux me passer de jarretières !... Dites donc aux hommes de supprimer leurs faux toupets, et vous verrez ce qu'ils vous répondront...

Le lendemain de cette promenade en bateau, madame Boulard avait quitté le château sans dire adieu à personne.

— Bon voyage ! dit Cézarine, je regrette peu cette dame, qui ne s'occupait que de sa coiffure ; ce n'est point avec des idées si futiles que nous nous régénérerons aux yeux du monde.

Une chose plus importante devait d'ailleurs occuper les indépendantes. Le second numéro de leur journal est imprimé. On en a fait tirer douze mille que l'on adresse chez celui qui en est le dépositaire, puis Fouillac se charge de nouveau d'aller à Paris s'informer du résultat de la vente des premiers numéros.

— Faudra-t-il faire encore des frais d'affiches et d'annonces pour le second numéro du Perce-Oreille ? demande l'officieux Fouillac à madame Pantalon.

— Oui, oui, il faudra encore faire un peu de publicité ; mais, pour vous couvrir de ces nouveaux frais, vous aurez le produit de la vente du premier numéro et l'argent des abonnements qui auront été faits.

Fouillac fait une légère grimace en répondant :

Si cependant cela ne suffisait pas ?

— Y pensez-vous !... ce n'est pas possible ! Au reste, mon cher Fouillac, vous ne serez pas à court d'argent, car je vais vous prier de retirer de chez un notaire cinquante mille francs... la moitié de ma dot que monsieur mon mari y avait placée... C'est un très-mauvais placement ! cela ne me rapporte que cinq, on peut trouver infiniment mieux... Si vous entendiez parler de quelque bonne affaire, prenez des renseignements... puis faites-m'en part ; je veux, moi, que mes fonds m'en fassent gagner d'autres...

— C'est une excellente idée... d'ailleurs ce n'est qu'avec de l'argent qu'on fait de l'argent ; l'eau va toujours à la rivière... Qui ne risque rien n'a rien... Je pourrais vous en citer ici autant que Sancho ; mais, au lieu de proverbes, je veux m'employer à vous rendre millionnaire... Ce que l'on n'a pas pu faire pour soi, on y réussit quelquefois lorsqu'on travaille pour les autres.

Madame Flambart, qui a entendu cette conversation, dit à son tour à Fouillac :

— Je ne suis pas bien riche, je n'ai que cinq mille francs de revenu. C'est peu pour une femme qui tient à se mettre à la mode. J'ai chez un banquier une trentaine de mille francs qui me rapportent à peine quatorze cents francs ; je vais vous donner une procuration, vous retirerez ces trente mille francs, et, tout en cherchant un bon placement pour madame Pantalon, si vous en trouvez un pour moi, vous me le direz.

— Avec grand plaisir, superbe veuve, il est même possible que je puisse englober les fonds de madame Pantalon et les vôtres dans la même affaire. Je vous dirai cela à mon retour.

Et Fouillac se rend à Paris, muni des procurations de ces dames et des instructions qu'il doit suivre pour pousser la vente du Perce-Oreille et lui donner une grande publicité.

Pendant l'absence de leur chargé d'affaires, ces dames font déjà des projets pour l'emploi des bénéfices que doit leur rapporter le journal citron.

— Il faudra, dit Cézarine, réunir tous ces bénéfices, n'y pas toucher, et lorsque la somme sera ronde, acheter une jolie propriété assez grande pour y loger celles de nous qui voudront vivre en société. Nous choisirons un joli site, en bon air... ce sera une agréable retraite, et nous y enverrons les malades...

— Oui, les poitrinaires seulement.

— Pourquoi les poitrinaires seulement ?

— Parce que si l'on y soignait toutes les maladies, notre jolie retraite deviendrait un hôpital !

— Mesdames, permettez ! dit la jolie Amandine, vous ne voulez pas que l'on touche aux bénéfices ; mais ceci me semble arbitraire ! Moi, j'ai besoin d'argent, je veux m'acheter différentes choses... Je demande tout de suite ma part.

— Madame Grassouillet me permettra de lui dire qu'il sera d'abord assez juste de rembourser celles qui ont fait des avances... telles que madame Flambart et moi ; car il n'y a que nous deux qui ayons fait face à la publication du Perce-Oreille...

— Remboursez-vous de vos avances, c'est très-bien, mais, sur ce qui reste, je veux ma part...

— Moi, dit madame Vespuce, j'ai un assez gros mémoire chez ma modiste, je ne serais pas fâchée de lui offrir un à-compte...

— Il suffit, mesdames, nous réglerons tout cela quand M. Fouillac sera de retour.

— Ah! je voudrais déjà qu'il fût revenu!

— Et moi donc!

— Ah! ce maudit argent! on en a dit souvent du mal; mais on y revient toujours.

Fouillac est cinq jours absent. Ces dames se morfondent, car elles ne pensent, ne rêvent qu'aux bénéfices qu'elles espèrent toucher, le plus grand nombre ayant refusé de laisser l'argent pour se bâtir une *villa*.

Enfin leur chargé d'affaires revient. Sa mine est grave, presque sévère, ce qui ne lui est pas habituel; il commence par remettre un portefeuille à Cézarine, puis un autre à madame Flambart, en leur disant :

— J'ai touché vos fonds...

— Très-bien, cher monsieur Fouillac! oh! nous étions bien tranquilles sur cet article! Mais le journal, de grâce, faites-nous, avant tout, le compte de son actif et de son passif!... Nous brûlons de savoir où nous en sommes avec le *Perce-Oreille*.

Fouillac sort un grand pli de sa poche, déploie le papier en disant :

— C'est avec regret, mesdames, que je me vois forcé de vous dire que le *passif* dépasse de beaucoup l'*actif*!... mais il ne faut pas que cela vous effraye; quand on commence une opération, il en est presque toujours ainsi. C'est bon signe; car, ainsi que dit le proverbe : Qui gagne en premier, c'est du fumier! mais en second, c'est du bon...

— Au fait, monsieur Fouillac : ce ne sont pas des proverbes que nous vous demandons, mais le compte de vente de notre premier numéro du *Perce-Oreille*.

— J'y arrive, mesdames; mais de grâce, point d'impatience; quand il s'agit de comptes, il faut se donner le temps, sans quoi on risque de faire des erreurs!... M'y voilà... La première dépense du *Perce-Oreille* se montait à quatre mille six cent cinquante francs...

— Nous le savons, passez!...

— Permettez! je tiens à bien établir les comptes! j'ai dû faire retirer douze mille exemplaires du premier numéro,.. vous l'avez voulu! ce qui m'a coûté six cents francs...

— C'est juste.

— Aussi je ne réclame pas! j'établis le compte des frais. Cette fois, pour pousser à la vente du second numéro... j'ai encore payé en affiches et annonces deux mille trois cent vingt francs...

— Après?... arrivez à la vente...

— On a placé six mille quatre cents exemplaires du premier numéro...

— Ah! c'est déjà joli, cela...

— Oui, mais sur ce nombre six mille trois cent quatre-vingt-onze ont été distribués gratis... on n'a vendu que neuf exemplaires...

— Que neuf!... et les abonnements?...

— Il n'y a pas un seul abonnement; les neuf numéros ont été vendus chacun à cinquante centimes pièce, prix marqué; total : quatre francs dix sous, dont il faut ôter la moitié pour la remise au vendeur...

— Moitié de remise!... mais c'est énorme, cela!...

— Il prétend, au contraire, que ce n'est pas assez, et qu'on donne au moins deux tiers.

— Pourquoi ne demande-t-il pas tout?

— Vous lui donneriez tout, qu'il vous demanderait encore une commission. Enfin, j'ai touché quarante-cinq sous pour le bénéfice; c'est donc cela à déduire des deux mille trois cent vingt francs de nouveaux frais : restait à payer deux mille trois cent dix-sept francs soixante-quinze centimes, que j'ai pris sur la somme que je rapporte à madame Pantalon. Voilà le compte exact du petit journal citron, pour lequel vous avez jusqu'à présent déboursé, en tout, sept mille cinq cent soixante-sept francs soixante-quinze centimes.

Les fronts se sont rembrunis, les mines se sont allongées, et l'on entend plusieurs voix s'élever pour dire :

— C'était bien la peine de nous faire travailler comme des mercenaires!...

— Il est gentil le succès du *Perce-Oreille*!...

— On va peut-être nous demander notre part dans les frais.

— Le plus souvent que je donnerais quelque chose!...

— Tant pis, c'est celle qui a eu l'idée de faire un journal qui doit en supporter les conséquences.

Ces dames, en ce moment, oublient qu'elles ont toutes voulu en avoir conçu l'idée, lorsque madame Étoilé a mis ce sujet sur le tapis.

Le lendemain du retour de Fouillac, madame Grassouillet et madame Vespuce sont parties comme la dame au chignon, sans dire adieu à personne.

— Ces deux dames ne songeaient qu'à la toilette, dit Cézarine; qu'elles aillent retrouver madame Boulard, je les regrette peu. Elles ont peut-être cru, que je voudrais me faire rembourser les parts que j'ai avancées. Elles me connaissent mal. Je puis supporter cette perte sans m'en affliger. Cependant je voudrais gagner beaucoup d'argent pour réaliser le projet que j'avais conçu d'une retraite pour les femmes qui ont à se plaindre de leurs maris...

— Ah! ma chère, il faudrait une maison bien vaste! dit la veuve Flambart.

— J'espère que Fouillac nous trouvera un placement avantageux. Il m'a dit, hier soir, qu'il viendrait ce matin causer d'affaires avec moi. Je l'attends.

— J'ai, comme vous, une entière confiance dans ce brave et obligeant Fouillac; ce n'est pas un homme, c'est un caniche! et s'il est permis de croire à la métempsycose, je suis bien sûre que Fouillac a été chien autrefois, et c'est pour le récompenser de sa fidélité qu'on l'aura changé en homme.

— Pauvre garçon! on aurait bien mieux fait de le laisser chien! Mais je l'attends, ce cher Fouillac; restez, ce qu'il va me dire vous intéresse autant que moi.

Fouillac se présente d'un air presque mystérieux; il ferme la porte derrière lui en murmurant :

— Mesdames, je crois qu'il est inutile que toutes les personnes qui sont ici aient connaissance de ce que j'ai à vous dire, car lorsqu'il s'agit d'affaires d'argent, j'ai remarqué que le secret est toujours pour beaucoup dans la réussite. Si vous contez à tout le monde ce que vous voulez faire, on s'empare de votre idée, et pr.....ut! elle est éventée!

— Ce raisonnement est très-juste. Ce que vous allez dire restera entre nous trois! Nous vous écoutons, mon cher monsieur Fouillac.

— Mesdames, en toutes circonstances, veuillez bien suivre mon raisonnement, en affaires surtout! Pour réussir, pour gagner de l'argent, pour faire fortune enfin, que faut-il? Trouver du nouveau qui soit utile, ou économique, ou agréable. Quelquefois la découverte la plus simple, la plus niaise même, mais à laquelle on n'avait pas pensé, obtient un succès énorme, un succès de vogue. Alors vous exploitez cette découverte et votre fortune est faite!... Vous comprenez, n'est-ce pas?

— Il faudrait être crétin pour ne pas comprendre!... Mais cela ne nous dit pas...

— Attendez, suivez toujours mon raisonnement. Il ne s'agit, pour faire fortune, que de trouver une invention, un procédé nouveau. Vous me direz : C'est là la difficulté! et il faut souvent que le hasard vous serve, qu'il vous mette sur la voie pour que nous trouvions ce filon qui doit nous mener à une mine d'or!...

— Mon Dieu! monsieur Fouillac, si vous l'avez trouvé, ce filon, dites-nous-le donc! Vous nous faites bien languir.

— Je ne l'ai pas trouvé, moi, personnellement, mais cela revient au même. C'est ce que vous allez voir. Je n'ai pas besoin de vous rappeler, mesdames, le succès que le tabac obtient en France depuis quelque temps, et d'année en année cela va en augmentant, si bien qu'il y a des moments où les

Les deux époux se sont jetés dans les bras l'un de l'autre... (Page 64.)

marchands de tabac, sont à court, où les cigares font défaut, les bons surtout !... car pour les mauvais, on en trouve assez...

— Mais quel rapport le tabac et nos fonds ?...

— Patience ! nous allons y arriver !... il y a une fortune... entendez-vous, une fortune immense à faire pour celui qui fabriquera des cigares excellents à bon marché ! à bon marché !... tout est là !... Eh bien, j'ai découvert un homme... un étranger, un Badois, qui a trouvé le secret... Il mêle son tabac à des feuilles de marron d'Inde... et cela rend le cigare délicieux ! Il en a fait l'expérience en petit, et ceux auxquels il a vendu de ses cigares ont été enchantés et lui en redemandent à grands cris... Mais notre inventeur manque de fonds !... Voilà, mesdames, l'opération qu'il faut faire, mais en grand ! en très-grand !... on aura de nombreux ouvriers, on établira une fabrique, des magasins !... on enverra de ces cigares dans les quatre parties du monde !... on fera fumer l'univers entier ! Quelle gloire ! et en faisant fortune... Cela vous va-t-il ?

— Pourquoi pas, dit Cézarine, si vous pensez que c'est une bonne affaire ?

— J'en réponds comme de moi-même !

— J'y mets mes trente mille francs, dit madame Flambart, et puis, je ne suis pas fâchée de faire fumer du marron d'Inde à ces messieurs... Ah ! comme je me moquerai d'eux plus tard !...

— C'est convenu, monsieur Fouillac, je vous rends les cinquante mille francs que j'ai complétés... Plus tard, nous nous entendrons pour que vous ayez votre part dans les bénéfices...

— De grâce, mesdames, ne vous inquiétez pas de moi ; je suis trop heureux de m'occuper de vous.

— Vous savez où trouver votre inventeur ?

— Oui, il est retourné dans son pays, mais il m'a bien donné son adresse et il m'attend avec impatience... car je lui ai dit que j'allais lui trouver des fonds. Dès le matin je partirai pour l'Allemagne. Croyez-moi, gardez le secret sur cette affaire, même avec le capitaine... Quand je vous rapporterai un million, vous serez libres de parler

— Vous avez raison, nous ne dirons rien.

— Nous attendrons pour parler que l'affaire marche bien et qu'elle ait rapporté des bénéfices.

— Partez vite, mon cher Fouillac, et soignez cette affaire, comme si c'était la vôtre.

Le lendemain, Fouillac quitte de nouveau Brétigny en emportant les cinquante mille francs de madame Pantalon et les trente mille de la veuve Flambart.

XXII

Une chasse au sanglier.

L'affaire du *Perce-Oreille* n'ayant pas eu de résultats suffisants, ces dames ont entièrement renoncé au métier de journaliste. La vie au château paraîtrait peut-être monotone, si elle n'était à chaque instant animée par les différends, les querelles, les petites piques qui s'élevaient entre ces dames. Il ne se passait point de jour sans que l'intervention de madame Pantalon fût nécessaire pour rétablir la paix parmi les indépendantes, aucune de ces dames ne voulant céder à une autre dans la discussion la plus légère ; et ce n'était même qu'en murmurant que l'on consentait à reconnaître la toute-puissance de Cézarine.

Mais un événement inattendu vient un jour donner de l'occupation à ces dames. Aglaé, qui allait souvent se promener de bon matin dans la campagne, où elle rencontrait souvent Frédéric et Gustave, avec lesquels elle avait des entretiens qu'elle se gardait bien de rapporter au château, Aglaé accourt trouver la société pour le déjeuner, en s'écriant :

— Ah ! mesdames !... une grande nouvelle !... on ne parle que de cela dans le village...

— Qu'est-ce donc, Aglaé, et de quoi parle-t-on ?

— Du sanglier !

— Du sanglier ?... quel sanglier ?

— Celui qui est dans le bois voisin, où il ravage tout

et fait si peur à tout le monde que personne n'ose plus
s'aventurer dans le bois.

Le capitaine se redresse sur son fauteuil en disant :

— Un sanglier dans le bois voisin !... cela me semble bien
extraordinaire... je n'ai jamais rencontré de sanglier dans
les environs : d'où diable celui-ci pourrait-il venir ?

— Mais de la forêt de Compiègne, qui n'est pas bien loin
d'ici...

— Alors ce sanglier serait venu en se promenant de Compiègne jusqu'ici sans avoir eu aucun désagrément en route !...
Cela me paraît fort !... Faites venir Lundi-Gras !

Le vieux mousse arrive, se plante devant le capitaine et attend.

— Lundi-Gras, as-tu entendu parler d'un sanglier qui
se serait fourvoyé dans le bois voisin ?

— Oui, mon capitaine, c'est-à-dire, tout à l'heure seulement la petite Nanon disait à son père : Papa, n'allez pas
dans le bois ; il y a un sanglier qui se jetterait sur vous et
vous dévorerait.

— C'est Nanon qui a dit cela ?... Va nous chercher Nanon.

La petite Nanon arrive, toujours la bouche pleine et cachant
des œufs rouges dans son tablier ; le capitaine l'interroge :

— Nanon, tu as dit à ton père qu'il y avait un sanglier
dans le bois ?

— Oui, monsieur le capitaine.

— Comment sais-tu cela ? Tu as donc vu ce sanglier ?

— Oh ! non, je ne l'ai pas vu, moi, mais c'est madame
Matois, la femme à Matois, qui me l'a dit ce matin ; elle m'a
dit comme ça : Petite, ne vas pas flâner dans le bois, car tu
pourrais y être dévorée par un sanglier que je viens d'y voir.
C'est une bête énorme... qui a une tête comme celle d'un
éléphant ; je n'ai eu que le temps de prendre mes jambes à
mon cou et de me sauver.

— La paysanne l'a vu ?

— Oui, oui, vu !... puisque je vous dis qu'elle m'a fait
son portrait ! Et puis ensuite il y a plusieurs enfants du village qui sont accourus tout effarouchés en disant :

— Il y a une grosse bête dans le bois ; c'est pas un loup,
mais c'est presque aussi gros qu'un ours.

— Allons, mesdames, dit le capitaine, il paraît que décidément vous allez pouvoir chasser la grosse bête... Ah ! si
je pouvais marcher, je ne laisserais pas échapper l'occasion
de chasser autre chose que des alouettes...

— Soyez tranquille, mon oncle, cette occasion, nous allons
la saisir, nous. Une chasse au sanglier !... Entendez-vous,
mesdames, quel plaisir nous est promis !... Car j'aime à croire
que pas une de vous ne refusera de venir avec moi chasser ce
sanglier. Voilà le cas de déployer notre adresse, notre courage... Allons, mesdames, aux armes ! prenons nos carabines,
chargeons-les avec des chevrotines... Il faut cela, n'est-ce pas,
mon oncle, pour tuer un sanglier ?

— Cela s'emploie ordinairement pour tirer le chevreuil ;
mais je pense que ce sera bien suffisant pour abattre votre
sanglier, qui n'est peut-être qu'un gros chien barbet qui
se sera perdu.

— Oh ! que nenni, notre maître, dit Nanon ; madame Matois m'a dit : C'est un sanglier de la plus grosse espèce ; il a
des crins... ni plus ni moins qu'un sapeur.

— Tant mieux ! nous mangerons de la bête alors.

Les indépendantes ne paraissent pas aussi enchantées que
Cézarine de la partie de chasse qu'on leur propose.

— Moi, je n'y vais pas, dit Elvina ; j'aurais trop peur si la
bête venait de mon côté ! Je serais capable de tirer en l'air au
lieu de tirer dessus.

— Moi, dit madame Étoilé, je ne trouve pas cette chasse
assez poétique... Oh ! s'il s'agissait d'une biche, à la bonne
heure ! Une biche est intéressante, on est prêt à pleurer quand il se
voit sur le point d'être pris ; mais un sanglier !... fi ! cela sent
mauvais.

— Eh bien, moi, dit la veuve Flambart, je prétends tuer
l'animal et rapporter sa tête au capitaine !... Capitaine, vous
entendez, je vous promets sa tête.

— Nous la mangerons ensemble, corbleu !

Les autres dames se décident aussi à faire partie de la chasse.

— Allons nous mettre en tenue, mesdames, dit Cézarine.
Assurons-nous que nos armes sont bien chargées et prenons
des munitions... Ah ! il faut que je prenne mon cor de chasse,
c'est le cas ou jamais d'en sonner...

— Et des chiens ? dit madame Dutonneau, est-ce que nous
n'aurons pas de chiens ?

— Ma foi, mesdames, dit le capitaine, depuis longtemps je
ne peux plus chasser. J'ai encore deux chiens qui étaient bons
autrefois ; je crains que maintenant ils ne soient rouillés !...
N'importe ! Lundi-Gras, tu lâcheras Minos et Courtaud pour
qu'ils accompagnent ces dames.

— Oui, capitaine.

On va s'habiller. On remet le costume qui est censé l'uniforme ; on prend sa carabine et on passe à sa ceinture un
petit couteau-poignard dont la lame n'est pas de Tolède.
Dans cet équipage, ces dames se rassemblent dans la cour, et
le capitaine se met à la fenêtre pour les passer en revue. Cézarine a, de plus que ses compagnes, un grand cor de chasse
passé en écharpe sur son épaule et un vieux sabre de son oncle pendu à son côté.

Lundi-Gras amène les deux chiens qui ont jadis été chas-
seurs, mais qui semblent avoir totalement oublié leur ancien
métier. L'un, Minos, ne veut pas avancer ; il faut qu'on le
pousse, qu'on le tire, et il se couche après avoir fait quelques
pas. L'autre, Courtaud, est plus éveillé, il veut toujours danser ; mais, habitué depuis quelque temps par son maître à faire
le beau et à se tenir sur ses pattes de derrière pour avoir un
morceau de sucre, après avoir fait des cabrioles, il revient se
poser devant les chasseresses.

— Voyons, Courtaud, il ne s'agit pas de faire le beau pour
avoir quelque chose, s'écrie Cézarine ; si tu te poses ainsi devant le sanglier, ce n'est pas du sucre qu'il te donnera, ce sera
un coup de boutoir. Allons, sapristi ! rappelle-toi ton ancien
métier !... Tayau ! Tayau !

Courtaud dresse les oreilles et saute en se tenant toujours
sur ses pattes de derrière. On est obligé de lui administrer
des coups de fouet pour qu'il se remette à quatre pattes.

— Voulez-vous que Lundi-Gras vous accompagne ? dit le
capitaine.

— Non, mon oncle, nous n'avons pas besoin de lui... on
dirait ensuite que c'est lui, et non pas nous, qui aurait tué le
sanglier... Point d'homme... il gâterait tout ! nous tenons une
occasion de montrer ce dont nous sommes capables, nous
voulons en profiter.

Et la joyeuse troupe se met en marche, fièrement, le nez au
vent, et comme si elle marchait à la conquête du monde. Les
villageois qu'elles rencontrent sur leur chemin s'écrient :

— Elles vont tuer le sanglier !... Ah ! bravo !

— Et où est-ce que tu prends un sanglier par ici, toi ?

— Ça n'est peut-être qu'un loup !

— Loup ou sanglier, faut que ces dames-là aient ben du
courage !...

— Bah ! laissez donc ! c'est qu'elles veulent voir le loup !...

Cependant, lorsqu'elles arrivent à l'entrée du bois dans lequel
doit être le sanglier, l'ardeur des amazones semble se ralentir ;
elles marchent moins vite, et après avoir fait quelques pas
sous les arbres, madame Dutonneau s'arrête en disant :

— Maintenant ne faudrait-il pas convenir de ce que nous
allons faire ?

— Mais c'est tout convenu, dit Cézarine ; nous cherchons le
sanglier. Dès que nous le verrons, nous tirerons dessus.

— Pardon, madame, dit une demoiselle majeure, mais à quel
endroit faut-il viser pour tuer l'animal ?

— A la tête, assurément !

— A la tête... vous croyez ? Moi, j'aurais cru que c'était à
la queue.

— Ne vous en avisez pas ! ce serait du plomb de perdu !...

— Mais en tirant à la tête, si on le manque, il doit être furieux !...

— Et en le tirant à la queue, est-ce que vous croyez que
cela lui fera plaisir ?

— Mesdames, dit la veuve Flambart, tirez-le où vous voudrez, le principal est que vous le touchiez...

— Assurément, peu importe qu'il soit tué par la tête ou par la queue; pourvu qu'il le soit, c'est l'essentiel.

Madame Bouchetrou vient de faire un mouvement d'effroi et de se reculer vivement en poussant un cri; aussitôt la plupart de ces dames se sauvent aussi de son côté.

— Qu'est-ce qu'il y a donc? demande Cézarine, qui est restée à sa place ainsi que madame Flambart.

— Il y a... il y a... que j'ai cru voir remuer dans ce taillis à gauche, et qu'il m'a semblé avoir le sanglier sur mon dos!...

— Si vous vous sauvez dès que vous croirez le voir, cela promet!

— Je ne me sauverai pas quand je le verrai de loin... de très-loin... mais si je l'apercevais près de moi, croyez-vous que je resterais à ma place en lui faisant des mamours?...

— Avançons; ce n'est pas à la lisière d'un bois que se tient le sanglier...

— Marchons avec précautions alors...

— Je ne peux pas avancer, Courtaud s'arrête toujours devant moi en faisant le beau.

— Donnez-lui des coups de pied...

— Ah! ce serait dommage!... pauvre chien!... il est si gentil!...

— Et ce misérable Minos qui ne veut pas marcher!...

— J'ai envie de donner du cor, ça le réveillera!

— Oui, mais ça réveillerait aussi le sanglier, que nous voulons surprendre au gîte!...

— Ah! oui, moi je suis d'avis qu'il ne faudra le tuer que quand il dormira!

— Belle gloire, alors! tuer une bête pendant qu'elle dort! Ah! mesdames, vous ne comprenez pas les plaisirs de la chasse! c'est le danger qui les double, qui leur donne plus de prix.

— Je tiens moins à la gloire qu'à ma figure; les sangliers ont des défenses énormes, et je ne me soucierais pas d'en recevoir quelques coups dans le visage. Je vous en prie, point de cor de ... sse.

On march... quelque temps dans le bois sans apercevoir la moindre bête. Cézarine, que cela ennuie de ne rien trouver, détache son cor de son épaule en disant :

— J'en suis bien fâchée, mais je suis venue ici pour y trouver un sanglier; je veux savoir si on s'est moqué de moi.

Et embouchant son instrument, elle en tire des sons éclatants, que répètent tous les échos d'alentour. Aussitôt Minos se met à aboyer, Courtaud à danser, puis, au bout d'un moment, un animal fort gros passe en courant à vingt pas de la société.

— Le voilà! le voilà! s'écrie Cézarine, je l'ai fait lever enfin... Allons, mesdames, imitez-moi... il faut courir sus!... Tayau! tayau! Allons, mesdames, en avant!...

Au lieu d'imiter madame Pantalon, plusieurs de ces dames prennent d'un autre côté et se sauvent en disant :

— Elle avait bien besoin de donner de son maudit cor!... elle a rendu l'animal furieux.

— Ah! je n'ai pas envie de l'approcher, moi.

— Ni moi, j'en ai trop peur.

— Moi, j'irais bien à sa poursuite, mais je tâche en vain de faire avancer ce poltron de Minos, il ne veut pas bouger, et moi, je ne veux pas chasser sans chien, ça ne se fait pas, c'est mauvais genre.

Mais les courageuses ont fait comme Cézarine. Seulement, l'une prend d'un côté, l'autre suit un autre chemin. Bientôt on entend quelques coups de fusil, celles qui se sauvaient poussent de grands cris, les coups de fusil les effrayent. L'animal que l'on chasse passe justement près d'elles. Alors, en voulant courir plus vite, l'une s'embarrasse dans les branches et tombe, une autre essaye de grimper à un arbre; mais les coups de fusil deviennent plus rapprochés; puis ce sont des plaintes, des gémissements.

Olympiade vient en se tenant le menton, elle a reçu une chevrotine au visage, madame Dutonneau se tient autre chose : elle a reçu du plomb dans son centre de gravité; madame Flambart s'est écorché le nez sur une branche de chêne, mais Cézarine sonne une fanfare, on entend de tous côtés :

— Il est tué! il est tué!

— Faut aller voir le sanglier!...

— C'est la dame au Pantalon qui l'a tué!...

Des paysans, des enfants que le bruit du cor avait attirés dans le bois, s'empressent de se rendre à la place où gît l'animal qu'on vient de détruire, et près duquel se tient encore madame Pantalon, qui sonne l'hallali. C'est à qui s'approchera le plus près pour examiner la bête morte. Mais bientôt des éclats de rire se font entendre, et les villageois s'écrient :

— Ça, un sanglier!...

— Oh! le plus souvent... c'est un cochon!...

— Eh oui, tiens... je le reconnais parce qu'il était superbe... c'est le porc à Mathieu-Jérôme... Il l'avait vendu il y a quinze jours à un monsieur de Paris...

— Celui-là n'en aura pas eu soin, il l'aura perdu en route...

— Oui, oui, c'est le cochon à Mathieu-Jérôme!

— Ah! la bonne farce!

— Moi, je disais aussi : Mais pourquoi faire qu'un sanglier serait venu se promener par ici?... C'est pas son chemin!

Cézarine ne dit rien; mais elle entend tout cela, regarde du coin de l'œil l'animal qu'elle a tué, et ne tarde pas à se convaincre que les paysans ont dit vrai. Le soi-disant sanglier n'est en effet qu'un très-gros porc. Elle dit aux villageois de faire une espèce de brancard avec des branches et de porter le produit de la chasse au château. Ensuite elle sonne encore de son instrument pour rallier les chasseresses ou les chasseuses, si vous aimez mieux; moi, ça ne m'aime ni l'un, ni l'autre.

Le retour de la chasse ne ressemble guère au départ : presque toutes ces dames se plaignent; l'une s'est écorché la main avec son fusil, l'autre s'est cogné la tête contre un arbre. Les demoiselles majeures se sont blessées après des branches. Madame Bouchetrou a le menton endommagé, enfin madame Dutonneau a reçu des chevrotines... où vous savez bien.

Le capitaine rit beaucoup en apprenant que le sanglier n'est qu'un gros porc. Mais madame Dutonneau ne rit pas; elle s'écrie :

— Horrible chasse! fichue chasse!... C'était bien la peine de nous déranger pour tuer un cochon!... Ensuite, il est bien malheureux de se trouver à chasser avec des personnes qui ne voient pas clair ou ne savent pas ce qu'elles font... On a tiré sur moi... Il me semble pourtant que je n'ai pas l'allure d'un sanglier... Je suis blessée dans une partie essentielle de mon individu. Ah! Dieu! que dira Chouchou quand il verra qu'on m'a détériorée... dans ce qu'il appréciait le mieux!... Mais cela m'apprendra à délaisser un époux dont le seul tort est d'être trop beau! Aussi, dès demain, j'irai le retrouver!

— A votre aise, madame! dit Cézarine; tout le monde est libre ici.

— Moi aussi, je m'en irai, dit Olympiade, j'ai un morceau du menton tout meurtri... un peu plus et elle m'emportait la mâchoire... Qu'aurais-je répondu à Bouchetrou quand il m'aurait dit : Qu'as-tu fait de ta mâchoire? Pauvre cher grêlé!... et je lui reprochais de se faire vacciner!... Madame Pantalon, je donne ma démission d'indépendante. On court de trop grands risques dans votre association!

— Comme vous voudrez, madame. Les femmes qui changent de sentiment pour une égratignure ne sont pas dignes d'en faire partie.

Le lendemain, avec mesdames Dutonneau et Bouchetrou, partent deux demoiselles majeures et quatre autres dames. Il ne reste plus avec madame Pantalon, de sa petite troupe d'indépendantes, que la fidèle Flambart, la poétique Paolina et la jeune Elvina. Cette dernière n'ose pas le dire, pourtant elle voudrait bien quitter le château, elle n'attend pour cela qu'une occasion; mais elle ne rencontre plus Gustave et craint que celui-ci ne l'ait oubliée.

Aglaé ne manque pas de dire chaque jour à sa maîtresse :

— Voyez-vous, mademoiselle, tout le monde s'en va petit à petit. J'en étais bien sûre, une société où il n'y a que des femmes, est-ce que cela peut durer? Vous avez pu voir que celles-ci passaient presque tout leur temps à se chamailler entre elles!... Croyez-moi, ce doit être notre tour de partir.

— Mon Dieu! j'avoue que cela ne me ferait pas de peine de quitter le château; mais je n'ose pas dire à ma belle-sœur que je voudrais m'en aller.

— On ne dit rien et l'on s'en va.

— Oh! non, c'est bon pour ces dames de faire cela; mais moi, il faudrait que j'eusse une raison, un prétexte.

— Espérons, mademoiselle, qu'il se présentera.

XXIII

Des nouvelles de Fouillac.

Cézarine s'efforçait de se consoler des désertions qui se faisaient dans sa petite troupe, en se disant:

— Avant peu j'aurai de l'argent, beaucoup d'argent. Je mettrai à exécution le projet que j'ai conçu. J'aurai une charmante propriété où toutes les femmes opprimées trouveront secours et protection. Alors, au lieu de désertion, je verrai accourir près de moi une foule d'adeptes!... et je ferai un choix parmi ces nouvelles adhérentes pour en former mon administration.

Madame Flambart partageait les espérances de madame Pantalon; elle aussi se frottait les mains en disant:

— Patience!... on nous a délaissées, mais bientôt on viendra nous trouver... La fortune ramène toujours les amis, elle doit aussi ramener les amies... Ces dames sont parties parce que nous avons essuyé un échec dans notre opération littéraire; elles accourront en apprenant que le commerce nous est plus favorable.

Et comme Paolina n'a pas suivi l'exemple des autres, comme elle est restée fidèle à ses engagements, on ne croit pas devoir lui faire un mystère de la fameuse affaire des tabacs... On lui apprend quel est le but du voyage de Fouillac, ce qu'il est allé faire en Allemagne et la fortune immense que l'on ne peut manquer de réaliser en faisant fumer des feuilles de marron d'Inde dans les quatre parties du monde.

Madame Étoilé apprend avec joie la découverte de cette nouvelle espèce de cigares; elle met aussitôt la main à la plume, elle se sent inspirée et elle improvise le quatrain suivant.

Puisque la chicorée... et la chose est permise,
Se mêle au café, sans mic-mac,
Pourquoi ne point unir avec franchise,
Le marron d'Inde et le tabac?

Cependant quinze jours se passent et l'on ne reçoit pas de nouvelles de Fouillac.

— Je sais bien qu'il ne peut pas encore y avoir de résultats, dit Cézarine; car, avant que l'opération ne marche, il faut avoir fait choix d'un bâtiment pour y établir la manutention de nos nouveaux cigares. Il faut trouver, embaucher des ouvrières; tout cela demande du temps.

— Sans doute, reprend la veuve Flambart; mais ce cher Fouillac aurait au moins dû nous écrire, pour nous faire savoir s'il avait retrouvé son inventeur et si l'affaire était en train...

— Peut-être n'a-t-il pas le temps d'écrire... pour faire marcher tout cela, il doit avoir bien de l'occupation. En attendant, mesdames, savez-vous à quoi je m'applique?

— Nullement!

— Eh bien, moi qui n'aimais pas à fumer, je m'habitue au cigare, j'en fume deux ou trois tous les matins. Cela me fait un peu tousser, mais je finirai par fumer comme Lundi-Gras.

— Et pourquoi faites-vous cela, chère amie?

— Mais, dans l'intérêt de notre entreprise. Vous concevez que, quand l'affaire marchera, il nous faudra donner l'exemple en fumant de nos nouveaux cigares et en disant qu'ils sont parfaits.

— En effet, c'est un moyen de faire valoir sa marchandise. Mais, entre nous, si les cigares en marrons d'Inde étaient mauvais?

— Nous en fumerions d'autres, de vrais havanes; mais nous dirions toujours que ce sont des nôtres, et comme la ressemblance sera parfaite, on y sera trompé!

— Très-bien imaginé! Nous allons faire comme vous et fumer toute la journée.

Une dizaine de jours s'écoule encore. On commence à être moins tranquille: ces dames ont chacune mal à la gorge à force de fumer; elles font une dépense considérable de cigares pour passer le temps. Cézarine va souvent embrasser sa fille; la petite Georgette est charmante, et quoiqu'elle n'ait encore que dix-sept mois, elle commence à bégayer le nom de maman. Chaque fois que la jeune mère va voir sa fille, elle est tentée de la ramener avec elle au château; mais la nourrice la supplie de la lui laisser encore, en lui disant:

— Vous voyez, madame, comme elle est bien avec nous; la voilà qui commence à faire ses dents... ce n'est pas le moment de la reprendre. Laissez-nous-la encore un peu!

Cézarine cédait aux prières de la nourrice, et pourtant elle se faisait d'avance un bonheur de l'époque où sa fille serait avec elle.

Enfin une lettre arrive au château. On court, on se presse au-devant de Lundi-Gras qui tient la lettre que le piéton vient d'apporter.

— Donne, donne vite! dit Cézarine au vieux mousse.

Mais celui-ci ne donne rien et répond:

— Pardon, ma capitaine; mais cette lettre n'est pas pour vous, elle est pour mademoiselle Elvina Pantalon...

— Pour ma sœur! Et qui donc peut se permettre de lui écrire?

En disant cela, Cézarine s'est emparée de la missive, mais presque aussitôt elle a reconnu l'écriture de son mari. Alors elle va trouver Elvina et lui remet la lettre en lui disant:

— C'est ton frère qui t'écrit, vois ce qu'il te veut! Je me demande ce que ce monsieur peut t'écrire...

La jeune Elvina s'empresse de décacheter la lettre et lit tout haut:

« Ma chère petite sœur, je suis malade depuis quelques jours et forcé de garder le lit. Il me serait bien agréable d'avoir près de moi un visage ami et de n'être point entouré que par des mercenaires. Est-ce qu'il ne te serait pas possible de venir un peu me tenir compagnie? Est-ce que ton frère n'est plus ton premier et ton meilleur ami? J'aime à croire qu'il n'en est pas ainsi et que l'on te permettra de te rappeler que tu es ma sœur. Je t'attends,

« Adolphe Pantalon. »

Elvina est toute émue en achevant cette lecture. Elle regarde Cézarine en murmurant:

— Mon frère est malade... il m'attend...

— Eh bien, que comptez-vous faire?

— Mais je compte aller le retrouver, le soigner... Est-ce que vous ne m'accompagnerez pas, Cézarine?... car enfin c'est votre mari qui est malade... Vous voulez bien soigner les étrangers, ne le soignerez-vous pas, lui?

— Oh! lui, on le laisserait bas soigner par moi!... Il ne me croirait pas capable de le guérir... Vous voyez bien d'ailleurs qu'il ne parle pas de moi dans sa lettre... Ce n'est pas moi qu'il demande!

— Il ne peut pas vous demander, puisque vous avez voulu le quitter... Enfin, viendrez-vous avec moi, Cézarine?

La jeune femme hésite un moment, puis elle répond:

— Non, je n'irai pas.

— Vous n'irez pas? vous ne viendrez pas offrir vos soins à votre mari qui est souffrant?...

— Mon mari a été enchanté de me voir partir; il n'a rien dit, rien fait pour essayer de me retenir...

— Vouliez-vous donc qu'il vous demandât pardon, lorsque c'est vous qui chaque jour lui cherchiez querelle?

— Il me semble, petite sœur, que vous vous permettez de me dire des choses peu aimables!...

— Je vous dis ce que je pense. Pourquoi voulez-vous que je vous flatte, que je mente? N'ai-je pas été témoin de vos humeurs, de vos colères! Et c'était toujours quand mon frère avait raison que vous lui cherchiez querelle...

— Petite sœur, cela frise l'impertinence... Je vous pardonne parce que vous êtes une enfant et que vous ne connaissez rien aux scènes de ménage; sans cela vous sauriez que c'est toujours quand une femme a tort qu'elle doit crier le plus fort et chercher querelle à son mari. Toutes les femmes connaissent cette tactique et ne manquent pas d'en user.

— Madame, je ne veux pas vous fâcher. Vous avez raison, je ne suis encore qu'une jeune fille, je n'entends rien à la conduite d'une femme mariée. Tout ce que je sais, c'est que, lorsqu'on a tort, c'est bien ridicule de vouloir avoir raison. Pour la dernière fois, voulez-vous revenir retrouver Adolphe?

— Non, je n'irai pas.

— En ce cas, je partirai sans vous... Puis-je emmener Aglaé?

— Non, je ne puis me passer de ma femme de chambre; mais Lundi-Gras vous accompagnera jusqu'au chemin de fer. Ensuite, le trajet n'est pas long, vous serez bientôt à Paris. Vous reviendrez, j'espère?

— Lorsque mon frère sera entièrement guéri, lorsque ma présence ne lui sera plus nécessaire, je reviendrai, s'il ne me prie pas de rester avec lui...

— A votre aise! Bon voyage!

Elvina s'occupe vivement de ses apprêts de départ, et va ensuite faire ses adieux au capitaine qui lui dit :

— Allez, ma chère petite, allez retrouver votre frère; je commence à croire que tous les beaux projets de ma nièce sont des bulles de savon que le moindre souffle fait évanouir. Vouloir changer le monde, c'est essayer de blanchir un nègre!.. Il changera de modes, de costumes, de langage; mais il y aura toujours les mêmes passions, les mêmes vices, les mêmes ridicules!... il faut donc se résigner à le prendre comme il est.

Aglaé est désolée en voyant partir Elvina sans elle; elle voudrait absolument l'accompagner. Mais Elvina lui rappelle qu'elle est, avant tout, au service de madame Pantalon. La jeune femme de chambre ne se console qu'en disant :

— Lorsque toutes ces dames seront parties... et il n'y en a que deux qui tiennent bon, j'espère bien que ma maîtresse ne voudra pas rester seule avec le capitaine et le vieux mousse. Un château, mademoiselle, c'est gentil quand il y a beaucoup de monde dedans, mais quand on s'y cherche!... j'aime mieux le passage des Panoramas à Paris.

Le départ de la jeune Elvina ne contribue pas peu à rendre triste le séjour du château. Madame Étoilé, sans cesse enfoncée dans sa poésie, va rêver seule sous les arbres; le capitaine souffre de sa goutte, Lundi-Gras se grise, le jardinier s'endort, Nanon se bourre de nourriture, la cuisinière se rouille, enfin Cézarine et madame Flambart, ne comprenant rien au silence de Fouillac, commencent à craindre pour leur argent et à fumer beaucoup moins de cigares.

N'y tenant plus, Cézarine se rend un matin près de son oncle et lui dit :

— Mon cher oncle, je suis bien en peine de M. Fouillac!

— Pourquoi en es-tu en peine?... Ce garçon ne peut point passer toute sa vie ici!... Il va à Paris... il s'amuse!...

— Mais c'est que vous ne savez pas que je lui ai confié de l'argent... beaucoup d'argent... et madame Flambart aussi.

— Vous avez confié de l'argent à Fouillac? Pourquoi faire?

— Pour une entreprise qui devait nous faire gagner des millions... Un individu avait trouvé le moyen de faire d'excellents cigares avec des feuilles de marron d'Inde...

— Du tabac avec du marron d'Inde!... Quelle carotte de longueur me tires-tu là?

— Je vous répète ce que m'a dit M. Fouillac : les cigares avaient eu le plus grand succès; on en demandait à grands cris, parce qu'on pouvait les vendre à bon marché. C'était une découverte qui devait enrichir celui qui saurait l'exploiter.

— Et tu as cru tout cela, toi?

— Si bien cru que j'ai remis cinquante mille francs à Fouillac; madame Flambart lui en a confié trente mille... pour faire marcher cette affaire.

— Si vous m'aviez consulté, vous n'auriez pas donné un sou à Fouillac.

— Pourquoi cela, mon oncle? Est-ce que vous doutez de sa probité?

— De sa probité... pas précisément, mais Fouillac est un joueur.

— Depuis longtemps il ne jouait plus.

— Parce qu'il n'avait plus le sou. Mais en se voyant entre les mains une grosse somme qui vous dit qu'il n'aura pas succombé à la tentation? Avez-vous son adresse?

— Non, c'est lui qui devait nous écrire.

— Comme c'est adroit!... Alors, attendez... mais je n'ai pas confiance en vos cigares en feuilles de marronnier... Je vous le répète, je crains qu'on ne vous ait tiré une carotte.

Quatre jours après cette conversation, une lettre datée de Bade arrive au château. Elle est adressée à madame Pantalon qui regarde bien vite la signature et s'écrie :

— C'est de Fouillac...

— Enfin! dit madame Flambart, ce cher ami. Je suis bien sûre que nous nous inquiétions à tort. Lisez vite!... nous vous écoutons.

— Il me semble que j'ai peur de lire, dit Cézarine.

— Par exemple! vous, si courageuse, vous la femme forte!...

— Ah!... c'est passé!... c'était l'émotion... écoutez :

« Chère et honorée madame Pantalon, j'ai bien tardé à vous donner de mes nouvelles, n'est-ce pas? vous m'accusiez peut-être déjà de négligence... non, je n'ai pas été négligent; mais, ce que j'ai à vous annoncer n'ayant rien de bien agréable, je me disais : Ces dames le sauront toujours assez tôt!... »

— Q'est-ce que cela signifie?...

— Quel long préambule!

— Les feuilles de marron d'Inde auront manqué!

— Chut! mesdames... laissez-moi donc continuer...

« ... le sauront toujours assez tôt. Plus d'une fois même j'ai eu l'idée de ne plus vous donner de mes nouvelles; mais je me suis dit : Elles attendront toujours... ce sera désagréable pour elles... »

— Ah! mon Dieu!... qu'est-ce qu'il veut dire?...

— Silence, madame Flambart! je poursuis :

« Sachez donc, mesdames, que l'histoire des cigares en feuilles de marronnier est entièrement de mon invention... »

— Ah! le gueux! le scélérat!...

« Quand je me suis vu en mains les quatre-vingt mille francs que vous m'aviez chargé de toucher, j'ai été tenté, non pas de me les approprier, j'en suis incapable! mais de les doubler, de les tripler même, avec une martingale que j'ai inventée depuis, mais que je ne pouvais exécuter, faute de fonds... »

— Il a joué notre argent, le malheureux!...

— Laissez-moi donc finir!... « Faute de fonds!... Je me suis dit : Qu'il me serait doux de faire gagner une somme immense à ces dames qui ont été si bonnes pour moi! Mais si je vous avais dit : Confiez-moi votre argent pour que je joue ma martingale, vous m'auriez probablement refusé; c'est pourquoi j'ai inventé cette petite histoire de faux tabac que vous avez eu la bonté de croire. Hélas! mesdames, une chose qui ne s'était jamais vue... vingt-deux rouges de suite! voilà ce qui a renversé, trompé tous mes calculs... J'ai perdu vos quatre-vingt mille francs. Et, voyez le malheur! si j'avais eu vingt mille francs de plus, la chance a tourné et je rattrapais tout!... je reste à Bade pour y attendre votre réponse : si vous vouliez m'envoyer de nouveaux fonds, je suis persuadé que nous prendrions une belle revanche.

« Votre tout dévoué,

« FOUILLAC. »

La lettre tombe des mains de Cézarine, qui demeure muette et accablée par ce qu'elle vient d'apprendre. Il n'en est pas de même de la veuve Flambart : celle-ci se répand en plaintes, en reproches, en vociférations. Elle marche à grands pas dans la salle en s'écriant :

— C'est épouvantable... Il m'a volée, cet homme! volée, c'est le mot!... trente mille francs! le quart de ma modeste fortune!... Que ferai-je maintenant avec quatre mille cinq cents francs de rente?... Ayez donc des chapeaux frais avec cela!... Madame Pantalon, c'est vous qui êtes cause de ma ruine... de la perte que j'éprouve en ce moment!

— Moi, madame! et en quoi donc en suis-je cause? Est-ce que je vous ai conseillé de confier trente mille francs à M. Fouillac?

— Non, vous ne me l'aviez pas conseillé, mais vous lui en aviez confié cinquante, vous! N'était-ce pas me dire : C'est un honnête homme! Alors, naturellement, j'ai suivi votre exemple... Et voilà ce qui m'a perdue!... Vous vous en moquez, vous? votre oncle est très-riche, il vous dédommagera de cette perte!... Mais, moi, je n'ai pas d'oncle pour me rendre mon pauvre argent... Ah! pourquoi vous ai-je suivie dans ce maudit château, où l'on ne fait que des sottises?...

— Madame!... ménagez vos expressions!

— Non, madame, je ne les ménagerai pas, je répète ce que j'ai dit!... On n'a fait ici que des sottises... Votre uniforme, votre journal... votre cuisine, votre bateau... votre sanglier qui était un cochon, et pour lequel j'ai encore le nez écorché, tout cela... sottises... bévues... balourdises! Mais la dernière est trop forte, elle comble la mesure... trente mille francs de perdus... c'est-à-dire escroqués... non, volés!... Adieu, madame Pantalon! je le quitte, votre château, avec le plus profond regret de vous avoir accompagnée!

Madame Flambart fait une sortie superbe. Cézarine va montrer à son oncle la lettre qu'elle a reçue de Fouillac, et le capitaine, après l'avoir lue, lui dit :

— Je m'y attendais... Ma bonne amie, les proverbes ont toujours raison : Qui a bu boira, qui a joué jouera!... Mais console-toi, j'ai des économies, je réparerai le malheur qui t'arrive. Imbécile de Fouillac!... Au lieu de chercher une martingale pour gagner à la roulette, il ferait bien mieux de chercher un remède pour la goutte... Cela rapporterait une fortune, cela!

Madame Étoilé, en apprenant le mauvais dénouement de l'affaire du tabac, remet son quatrain dans son portefeuille en se disant :

— On ne sait pas!... Ce qui ne se fait pas aujourd'hui peut réussir plus tard... La vapeur n'a pas été appréciée tout de suite; moi, j'ai confiance dans les feuilles de marronnier... J'en ferai sécher, je les roulerai et je ferai des cigares que je tâcherai de faire fumer à mon mari!... Car enfin, puisqu'il n'y a plus ici que madame Pantalon pour écouter mes vers... qu'elle écoute fort mal, je ferai aussi bien d'aller retrouver Étoilé, qui doit languir loin de moi!

Le lendemain, Paolina avait suivi madame Flambart, et Cézarine était abandonnée par toutes les indépendantes.

XXIV

Où la femme se retrouve toujours.

Pour se consoler, pour oublier les défaites successives qu'elle venait d'essuyer, Cézarine allait chaque jour embrasser sa fille, qu'elle aimait tendrement; car il faut bien qu'une femme aime quelque chose, et assez ordinairement ce sont ses enfants qui passent avant tout.

Mais, le capitaine ayant eu un accès de goutte plus rude que les autres, pendant deux jours Cézarine n'avait pas quitté son oncle, dont elle tâchait d'adoucir les souffrances, et pour lequel elle inventait sans cesse de nouveaux remèdes qui ne le guérissaient pas du tout.

Le troisième jour un des enfants de la nourrice vient au château dire à madame Pantalon :

— Madame, maman vous prie de venir voir votre petite Georgette, qui est un peu malade.

— Ma fille est malade! s'écrie Cézarine, et depuis quand?

— Depuis avant-hier.

— Et pourquoi n'êtes-vous pas venue me le dire tout de suite?

— Oh! madame, maman a pensé que ce n'était pas la peine... ce n'est qu'un rhume... un gros rhume...

— N'importe... il fallait m'avertir... je vous suis, petite...

Allez, je serai chez votre mère aussitôt... peut-être même avant vous.

En effet, Cézarine a fait seller son cheval.

— Madame veut-elle que je la suive? demande Aglaé, qui cherche toutes les occasions pour sortir; je monte très-bien à cheval à présent, et je suis en état de galoper comme madame.

— Eh bien, venez... s'il fallait chercher quelque médicament à la ville, je vous y enverrais.

— Je ne demande pas mieux, madame; je vais à présent au galop ou au grand trot; je n'ai plus peur de tomber.

— Qui donc vous a appris à si bien vous tenir à cheval?

— Madame..., c'est vous qui me regardez.

On part, on galope, on est bientôt chez la nourrice. Cézarine entre vivement; elle aperçoit sa fille que la nourrice commençait à faire marcher. La petite Georgette, qui connaît déjà bien sa mère, sourit et lui tend les bras.

— Elle est levée... elle marche! allons! ce n'est rien! dit Cézarine en prenant sa fille sur ses genoux.

— A coup sûr que ce n'est rien, madame, dit la nourrice, c'est pourquoi je ne voulais pas vous déranger... elle est enrouée, v'là tout; mais il y a des personnes qui s'enrouent pour un rien. Par exemple, j'ai mon homme, quand il rentre le soir, il est presque toujours enroué, mais il est vrai qu'il a alors bu un coup de trop.

— Parle-moi, Georgette; m'aimes-tu?

L'enfant prononce : Oui, maman; mais ce n'est plus sa voix habituelle, c'est un son rauque, caverneux, qui fait mal à entendre. Cézarine en est toute saisie et murmure :

— Mon Dieu! quelle voix!... Est-ce que ma fille aurait le croup!

— Le croup! Ah! ben, par exemple, il n'y a pas de danger... Si elle avait le croup, elle serait déjà morte! Vous savez bien, madame, que c'est un mal qui vous emporte dans les vingt-quatre heures...

— Peut-elle manger? avale-t-elle facilement?

— Je vous en réponds; elle a encore avalé tout à l'heure une bonne panade sucrée et sans faire la grimace... Et puis, voyez, elle est gaie; elle joue comme à l'ordinaire...

— En effet, vous me rassurez... Si je l'emportais avec moi!

— O madame, prenez garde, le changement d'air... elle a un brin de fièvre... Madame sait comme nous en avons soin... nous ne la quittons pas, et elle aime bien à jouer avec mes enfants.

— Oui, oui, c'est juste. Je vais encore la laisser... D'ailleurs, je viendrai la voir tous les jours. Tenez, nourrice, voilà des simples que j'ai apportés; faites avec cela une tisane que vous ferez boire à ma fille, et toujours bien chaude.

— Madame peut être tranquille. Oh! sa fille est mieux soignée que si c'était un de mes gas!...

Cézarine passe plus d'une heure avec la petite Georgette; elle la quitte rassurée, parce que l'enfant tousse peu, et n'a pas l'air de souffrir.

Mademoiselle Aglaé, tout en trottant derrière sa maîtresse, regarde sans cesse à droite et à gauche, dans l'espérance d'apercevoir un de ces messieurs de Paris qu'elle a souvent rencontrés dans la campagne, mais elle n'en voit aucun et se dit :

— Mon Dieu! est-ce qu'ils sont partis aussi! mais ce n'est pas possible! M. La Brie avait encore tout plein de choses à me dire... Il est très-spirituel, M. La Brie, et il se change, se déguise, que c'est à ne pas le reconnaître. S'il ne me l'avait pas dit, je n'aurais jamais deviné que c'était lui qui était venu au château en se disant malade.

Trois jours s'écoulent, Cézarine n'en a point passé un sans se rendre chez la nourrice, la petite Georgette joue encore et avale sans difficulté; elle n'est point abattue; cependant sa voix ne revient pas, cette voix est toujours forte, rauque, ce n'est plus la voix d'un enfant. Madame Pantalon a changé son ordonnance, elle essaye aussi de plusieurs pâtes pectorales; mais, loin de redevenir ce qu'elle était, la voix semble être encore plus caverneuse.

Le quatrième jour, Cézarine, qui la veille a trouvé sa fille plus agitée, se rend de bon matin chez la nourrice. Elle trouve cette femme en pleurs, toute la maison est dans la douleur, car la petite Georgette est très-mal. Elle respire à peine, son petit cœur bat bien fort, elle ne peut plus qu'à peine parler, et pourtant elle sourit en voyant sa mère; celle-ci la prend dans ses bras en s'écriant :

— Mon Dieu !... qu'est-il donc arrivé ?

— Rien n'est arrivé, madame, mais c'est de cette nuit que cette pauvre petite est devenue comme cela...

— Mais on dirait qu'elle va mourir... Chère enfant, où as-tu mal ?

La petite fille indique sa gorge.

— Ce qui m'effraye, dit la nourrice, c'est qu'il y a une voisine qui m'a dit qu'il y avait des croups qui duraient plus de vingt-quatre heures, qui étaient quelquefois huit jours à se former...

— Ah ! mon Dieu !... mais ma fille est perdue alors... Un médecin... où y a-t-il un médecin ?

— A Noyon... M. le docteur Durand. Je n'en connaissons pas d'autres.

— Aglaé, cours... prends mon cheval avec le tien et ramène un médecin... Va... crève les chevaux... mais hâte-toi... car ma fille me semble bien mal...

Aglaé est partie. Cézarine tient constamment sa fille dans ses bras et voit avec terreur qu'à chaque instant la respiration de l'enfant devient plus difficile, plus oppressée. Une heure et demie se passe ; ce temps semble éternel à la pauvre mère. Enfin Aglaé revient, mais elle est seule.

— Et le médecin ? s'écrie Cézarine.

— Parti pour Compiègne...

— Mais il y en a d'autres ?

— Il m'a été impossible d'en ramener un seul... Ils n'avaient pas déjeuné... ou ne montaient pas à cheval...

— Mon Dieu ! mais ma fille va donc mourir sans secours !... Ah ! je vais courir... me jeter à leurs pieds, s'il le faut...

En ce moment la porte de la salle s'ouvre, et Frédéric Duvassel paraît. Il s'approche de Cézarine, en lui disant :

— Madame, j'apprends à l'instant que votre petite fille est malade... très-malade... voulez-vous me permettre de lui donner mes soins ?

— Ah ! monsieur, c'est le ciel qui vous envoie... Si vous sauviez ma fille, je vous devrais aussi la vie... Mais elle est bien mal... Tenez, la voilà, cette chère enfant.

Frédéric examine la petite Georgette et dit bientôt :

— C'est le croup, un croup latent qui met huit jours à se développer lorsqu'on ne l'arrête pas à sa naissance.

— Ah ! monsieur, elle est donc perdue ?

— Pas encore, mais il était temps... ce soir, il eût été trop tard. Fiez-vous à moi, madame, dans mes voyages j'ai étudié cette horrible maladie... Ayez confiance et laissez-moi agir... j'espère encore sauver votre fille.

Cézarine n'a plus la force de parler.

Frédéric s'empare de l'enfant, la pose sur son lit, puis sort des instruments de sa poche. La pauvre mère jette un cri.

— Ne craignez rien, madame ; je ne lui ferai pas de mal, dit Frédéric, et d'ailleurs ne faut-il pas l'essayer ?

Faisant alors le chirurgien, il coupe les amygdales à l'enfant, puis il introduit dans sa gorge un long instrument en argent avec lequel il déchire et retire des membranes blanchâtres qui interceptaient la respiration de la malade. La petite Georgette supporte parfaitement cette opération. On la voit, au bout d'un moment, respirer avec force, avec bonheur.

Alors Frédéric rappelle la mère et lui dit :

— Votre fille est sauvée, j'en réponds maintenant.

Cette fois, Cézarine n'y tient plus, elle prend Frédéric dans ses bras et l'inondant de ses pleurs et lui dit :

— Vous m'avez rendu ma fille, monsieur ; je vous dois plus que la vie... Moi, qui fus toujours si injuste envers vous ! comment reconnaîtrai-je jamais ce que vous venez de faire pour moi ?

— Comment ? répond Frédéric en souriant, eh bien, je **vous** le dirai, et cela vous sera bien facile...

— Ma pauvre petite Georgette... tu es sauvée !...

— Oui, mais il faut la laisser bien tranquille aujourd'hui, j'aurai encore quelques restants de membranes à retirer de sa gorge, mais ce n'est plus rien.

— Et cela ne se reformera pas, monsieur ?

— Non, soyez sans crainte ; d'ailleurs je m'établis ici, près de votre enfant, et dans trois jours au plus tard, je veux que vous puissiez l'emmener avec vous.

— Ah ! monsieur, que de bontés !... Vous consentez à rester dans ce village jusqu'à l'entière guérison de ma fille ?

— Je m'y engage.

— Que ne vous dois-je pas ! et combien je vous avais méconnu, monsieur, car vous deviez me détester... j'ai toujours été si peu aimable pour vous !...

— Les jolies femmes ont parfois des caprices, des antipathies ; je vous assure que nous ne les détestons pas pour cela. D'ailleurs vous êtes l'épouse de mon meilleur ami, et il m'eût été doux d'obtenir aussi votre amitié...

— Monsieur, je ne veux pas quitter ma fille de la journée, vous le permettez, n'est-ce pas ?

— N'en avez-vous pas le droit, madame, et la place d'une mère n'est-elle pas toujours près du berceau de son enfant ? Seulement, ne l'embrassez pas trop, laissez-la dormir. Vous le voyez, sa poitrine n'est plus oppressée, maintenant son sommeil sera doux.

— Aglaé, cours au château, dis à mon oncle que ma fille est sauvée et que c'est grâce à M. Frédéric Duvassel.

— Je crois que le capitaine ne se souvient guère de moi, dit Frédéric.

— Mais j'espère bien, monsieur, que vous ne partirez pas sans venir voir mon oncle.

— Soyez tranquille, madame, je n'ai pas encore terminé ce qui m'a fait venir dans ce pays.

Frédéric a tenu sa promesse : au bout de trois jours, la petite Georgette est rétablie et l'horrible voix a disparu ; le doux timbre de l'enfant charme de nouveau l'oreille de sa mère. Cette fois Cézarine emporte sa fille au château ; elle ne veut plus s'en séparer.

Elle supplie Frédéric de l'y accompagner, celui-ci y consent et va serrer la main du vieux capitaine, qui lui dit :

— Tiens, je vous reconnais... Vous étiez au bal de noce de ma nièce.

— Oui, capitaine, et c'est moi qui suis cause qu'on n'a pas fait valser madame Boulard.

Cézarine sourit et dit :

— Oublions cela, docteur ! mais ce que je ne saurais oublier, c'est que je vous dois l'existence de ma fille... Vous m'avez dit qu'il me serait facile de vous prouver ma reconnaissance... De grâce, veuillez m'apprendre comment.

— Vous ne le devinez pas, madame ?

Cézarine hésite, rougit et répond enfin :

— Je pourrais me tromper, docteur, je préfère que vous me disiez vous-même de quelle manière je puis reconnaître ce que je vous dois...

— Eh bien, c'est en m'accompagnant à Paris, madame, et en me permettant de vous ramener dans les bras de votre époux... Oh ! je vous réponds qu'il vous reverra avec plaisir... Sa santé est rétablie, votre présence achèvera de le consolider... Votre séparation n'était pas sérieuse !... Venez rendre un enfant à son père, une femme à son mari ; désormais, je n'en doute pas, vous serez tous heureux.

Cézarine tend la main à Frédéric, en lui disant :

— Vous avez acquis le droit de me faire faire toutes vos volontés...

— Croyez-moi, vous ne vous en repentirez pas.

— Mon oncle, monsieur me prie d'aller retrouver mon mari.

— Il a raison, et tu feras bien, ma nièce. Les comédies finissent toujours comme cela. Après tout, vous n'aviez pas de torts graves à vous reprocher ; il n'y avait qu'incompatibilité d'humeur ! Eh bien, du moment que les humeurs ont changé, il n'y a plus d'incompatibilité.

Cependant Cézarine s'est approchée de Frédéric et lui a

dit, non plus avec cette voix dure et retentissante qu'elle affectait autrefois, mais avec ce ton doux et insinuant qui va si bien à son sexe :

— Vous voulez me ramener à mon mari ?

— Oui, et vous y avez consenti... vous en repentiriez-vous déjà ?

— Oh ! non ; c'est un bonheur pour moi de vous prouver ma reconnaissance, de faire ce que vous me demandez ; seulement...

— Seulement ?... Achevez...

— Vous pensez que mon mari me recevra bien... mais vous pourriez vous tromper... car, j'en conviens, j'ai été méchante avec lui.

— Du moment que vous en convenez, c'est comme si vous ne l'aviez pas été.

— Vraiment ?... C'est égal, je ne suis pas persuadée que mon mari sera enchanté de me revoir...

— Et moi, je vous réponds que si ; je connais Adolphe, c'est un cœur excellent, vous convenez que vous avez eu des torts, il est incapable de vous garder rancune.

— Oh ! tenez, monsieur Duvassel, c'est cette rentrée dans ma maison qui a quelque chose de pénible pour mon amour-propre... surtout si mon mari est prévenu... s'il ne vient pas au-devant de moi... je n'entrerai pas... Il faudrait trouver un moyen... il faudrait ne rien lui dire d'avance... comprenez-vous ?

— Parfaitement. Laissez-moi faire. J'agirai en conséquence, j'ai des intelligences dans la place ; mais partons, partons au plus vite ; il me tarde d'achever mon ouvrage.

Cézarine s'occupe de ses préparatifs de départ. Elle ne demande qu'un jour pour emballer toutes ses toilettes. Frédéric l'accorde et consent à passer cette nuit au château. Il plaît beaucoup au capitaine, parce qu'il boit ferme et ne lui défend pas d'en faire autant que lui.

— C'est comme ça que vous traitez la goutte ? lui dit le vieux marin. A la bonne heure ! je vous prendrai pour mon médecin.

— Capitaine, il ne faut d'excès en rien, voilà ma seule ordonnance pour cette opiniâtre maladie. Mais ensuite, vivez comme à votre ordinaire, ne vous privez de rien de ce qui vous fait plaisir ; car j'ai remarqué une chose : c'est que la goutte ne vous tient compte d'aucune privation. Purgez-vous, buvez de la tisane, restez au coin de votre feu, la goutte viendra vous y trouver ; elle ne peut pas faire pire quand vous allez vous promener.

Le lendemain, Cézarine fait ses adieux à son oncle, qui lui dit :

— J'espère que tu reviendras bientôt, mais avec ton mari ; je ne te reçois pas sans cela ; car, avec tous ces conciliabules de femmes, vous avez fait beaucoup de bruit et de bien mauvaise besogne ; enfin, tu m'as fait manger de la cuisine de Lundi-Gras, et je ne voudrais pas que tu en fisses de nouveau un cuisinier.

On arrive à Paris. C'est chez Frédéric Duvassel que Cézarine, avec son enfant et sa femme de chambre, doit attendre qu'il ait choisi un moment propice pour ramener à son domicile la brebis égarée. Le docteur n'est pas longtemps absent ; il revient dire à la jeune mère :

— Venez, le moment est favorable ; votre mari est au Palais ; sa domestique est en course, la sœur d'Adolphe est seule, je lui ai annoncé votre retour, elle en a ressenti la joie la plus vive, car elle sait bien, elle, que votre présence va rendre la santé à son frère et ramener le bonheur dans sa maison.

Venez, votre appartement vous attend ; vous allez vous y installer avec votre petite Georgette, et quand il rentrera chez lui, votre mari, en y trouvant sa femme, ne voudra pas croire qu'elle l'a jamais quitté.

Cézarine fait tout ce que lui a dit Frédéric ; une voiture la ramène chez elle, son cœur bat avec force en revoyant sa maison ; son émotion est bien vive en se trouvant dans son appartement ; mais déjà Elvina l'a embrassée à plusieurs reprises en lui disant :

— Ah ! je savais bien que tu reviendrais !... je savais bien que tu ne pouvais pas toujours vivre loin de nous !

Cézarine s'installe dans sa chambre, place le berceau de sa fille près de son lit, et revêt une de ces toilettes simples qu'elle avait l'habitude de porter avant son départ, puis elle prend sa tapisserie, s'assied près de la petite Georgette qui est endormie, et attend, en disant à Frédéric :

— Maintenant il peut venir... Je voudrais qu'il pût croire que ce passé est un rêve et que je ne l'ai jamais abandonné.

— Soyez tranquille, il le croira.

Frédéric pouvait affirmer cela à Cézarine, car depuis la veille il avait prévenu Adolphe du retour de sa femme, en lui faisant connaître le désir qu'elle avait de ne point l'entendre lui reprocher ses folies, et Adolphe se sentait trop heureux pour revenir sur le passé ; et puis, à quoi bon revenir sur le passé ?... Ce qui est fait est fait !...

Lorsque enfin Adolphe rentre chez lui, la jeune Elvina, toute tremblante, toute rouge de plaisir, dit à son frère :

— Entre donc dans la chambre de ta femme... tu y trouveras... ce que tu y cherchais toujours... et ta petite Georgette, que tu désirais tant embrasser...

Déjà Adolphe n'écoute plus sa sœur, il est dans la chambre de sa femme, il ne peut contenir un cri de joie en la revoyant, et celle-ci ne peut retenir une larme... lorsque son mari couvre de baisers son enfant. Cette larme était la première qu'elle versait, et elle était toute surprise de sentir qu'il y a quelquefois plus de bonheur à pleurer qu'à rire.

Ensuite les deux époux se sont jetés dans les bras l'un de l'autre. Mais pas un mot sur le passé, pas un reproche, pas une parole qui pût le rappeler. On s'était réconcilié, et quand la paix est faite, à quoi bon parler encore de la guerre ?

Mais, lorsque Frédéric vient voir les deux époux, Cézarine va lui prendre la main et le présente à son mari, en disant à celui-ci :

— Mon ami, voilà celui à qui tu dois la vie de ta fille ; sans lui elle était perdue !

Adolphe prend la main de Frédéric en disant :

— Je lui dois ma fille, je lui dois ma femme !... je lui dois tant que j'espère bien ne jamais m'acquitter.

Quelques mois après, Gustave devenait le mari de la jeune Elvina, qui, dans son ménage, se contentait d'être la femme.

Quant aux autres dames qui ont joué les rôles d'hommes dans la confrérie Pantalon, les remplissent-elles encore ? Je n'en crois rien ; les femmes ont trop d'attraits, de charmes, de grâces, de finesse, de malice, pour vouloir abdiquer tout cela en cherchant à ressembler au sexe masculin.

FIN DE MADAME PANTALON

Sceaux. — Typ. et stér. M. et P. E. Charaire.

* 9 7 8 2 0 1 1 8 6 5 6 9 4 *